JN190419

フロントランナー

Front Runner

4

いのちを支える

監修：朝日新聞be編集部

はじめに

本書『フロントランナー』も4巻目《かんめ》になりました。
今回のテーマは「いのちを支《ささ》える」です。

ところでみなさんは、「いのちを支える」と聞くと
どんなことをイメージするでしょうか？
ケガや病気を治し、いのちを救《すく》う医師《いし》や看護師《かんごし》、
人命救助《じんめいきゅうじょ》のために、火事や災害《さいがい》の現場に果敢《かかん》に駆《か》けつけるレスキューの人々……
いのちに関わる仕事というと、そんなイメージがあるかもしれません。

しかし、本書にはイメージとは別の「いのちを支える」人たちが登場します。
例えば、大学生のときにNPO《エヌピーオー》法人を立ち上げた大空幸星《おおぞらこうき》さんは、
24時間365日体制《たいせい》でチャット相談ができるサービスを提供《ていきょう》。
若者を孤独《こどく》の淵《ふち》から救い出しています。
弁護士《べんごし》の紀藤正樹《きとうまさき》さんは、カルト宗教《しゅうきょう》に対して早くから警鐘《けいしょう》を鳴らし、
被害者《ひがいしゃ》たちを救済してきました。

野宿者支援《のじゅくしゃしえん》を始め、賃貸物件《ちんたいぶっけん》に入る野宿者の保証人《ほしょうにん》を個人で３００人分
引き受けたのは、「反貧困《はんひんこん》ネットワーク」事務局長の湯浅誠《ゆあさまこと》さん——。

本書では、このような身近で起こる「困《こま》ったこと」を解決《かいけつ》すべく立ち上がり、
誰《だれ》かのために、今なお走り続けている「フロントランナー」10人を取り上げました。
彼らの言動には、きっとあなたの心に訴《うった》えかける「何か」があるはずです。
あなたの信念に則《のっと》って、自分自身が誰かの助けになる。
そして、時には誰かに助けてもらう——。
そのような人との向き合い方が当たり前となる社会を実現《じつげん》するために、
あなたがフロントランナーとなって、自らの人生を切り拓《ひら》いてください。

朝日新聞be編集部
岩崎ＦＲ編集チーム

CONTENTS

※本書は朝日新聞be「フロントランナー」の記事をまとめたものです。記事の内容は掲載当時のものです。
※今回の書籍化にあたり、取材当時から状況が変わった内容については一部改訂しています。

いのちを支える
1

みんなが堂《どう》々《どう》と生きられる
そんな社会にしたい

反《はん》貧《ひん》困《こん》ネットワーク事《じ》務《む》局《きょく》長《ちょう》
湯《ゆ》浅《あさ》誠《まこと》

社会の底、抜《ぬ》けた…

炊《た》き出しに並《なら》ぶ人、人、人……。正月2日の早朝、東京・日比谷公園の「年越《こ》し派遣村《はけんむら》」には、開村3日目にして想定の倍の300人が集まっていた。群衆《ぐんしゅう》から少し離《はな》れて、携帯電話《けいたいでんわ》を握《にぎ》りしめて立つ彼《かれ》がいた。薄手《うすで》の黒いコートの襟《えり》を立て国会議員要覧《ようらん》をめくるが、凍《こご》えた指はうまく動かない。大村秀章《おおむらひであき》・厚生労働副大臣（当時）の連絡先《れんらくさき》をようやく見つけ、電話する。「テレビ番組でご一緒《いっしょ》した湯浅《ゆあさ》です」。そんな細い線をつなごうとしているのか――私《わたし》は思わず顔を見た。だが、その線が、厚労省の講堂開放を実現させることになる。

それから半年。講演で全国を飛び回っても、火曜日は必ず東京に戻《もど》る。事務局長を務めるNPO法人「自立生活サポートセンター・もやい」の相談日。野宿者や生活困窮者《こんきゅうしゃ》との対話が夜遅《おそ》くまで続く。無一文《むいちもん》で何時間も歩いて来た人、長く風呂《ふろ》に入れていない人もいる。

優《やさ》しく寄り添《そ》うような言葉はかけない。淡々《たんたん》と問う。「あなたはどうしたい？」。相手の言葉をじっと待ち、その願いをかなえる手段《しゅだん》を共に考える。

「その人の人生だから。大事なのは、どうやったら食えるようになるか、でしょう？」。

養成講座「活動家一丁あがり！」で若者に囲まれて。メディアでの印象と異なり、普段《ふだん》は笑顔が多い＝東京都千代田区

26歳《さい》で東京・渋谷《しぶや》の野宿者支援《のじゅくしゃしえん》を始め、6年後、同じく東大を出て活動していた稲葉剛《いなばつよし》（111ページ）さんと、もやいを設立。アパートに入る野宿者の保証人を、個人で300人分引き受けた。生活保護申請《しんせい》の同行は1千件を超《こ》す。

なぜ、そこまで人に尽《つ》くすのか。「そんなの、オレにもわかんないよ」。屈託《くったく》なく笑うが、その原点の一つが生い立ちにあるのは確かだ。

3歳上の兄は筋萎縮性《いしゅくせい》の障害《しょうがい》がある。新聞社勤務《きんむ》の父、小学校教諭《きょうゆ》の母。「誠《まこと》は、自分のことは全部自分でやってたわねえ」と母・尚子《なおこ》さん。一家の生活は兄中心で、兄のため、友だちを家に連れてきて遊ぶことも多かった。

小学生のとき、養護《ようご》学校へ兄をたびたび迎《むか》えにいった。車いすの兄は好奇《こうき》の目を嫌い、裏道《うらみち》を通りたがったが、彼《かれ》はある日、大通りを通った。「相手を見返してやればいい」と思ったからだ。だが帰宅後《きたくご》、兄は母に訴《うった》えた。「誠はもう来なくていい」。

見られたくない兄と、見返したい自分。当時は混乱《こんらん》したが、弱者と強者のは

ざまで感じた憤《いきどお》りは、闘《とう》志《し》の種火となった。そしてホームレス支《し》援《えん》のなかで、金の卵《たまご》と呼《よ》ばれ国の成長を支えた人々が、社会から切り捨《す》てられ、生きるために尊《そん》厳《げん》を捨てる姿《すがた》を見て、火《か》勢《せい》は増す。

「『捨てられた物を食べたとき、何かを失ったと感じた』という言葉を何度も

プロフィール

1969年 東京都に生まれる。

1989年 都立武蔵高校から1浪で東京大学入学。法学部に進み、1995年卒業。1996年に同大大学院法学政治学研究科に入る。専攻は日本政治思想史。2003年、博士課程を単位取得退学。

2000年 炊《た》き出しの米を集める「フードバンク」、2001年にNPO法人「自立生活サポートセンター・もやい」設立。2003年、企業《きぎょう》組合「あうん」で便利屋開業。

2007年 「反貧困ネットワーク」（代表・宇都宮《うつのみや》健児弁護士《けんじべんごし》）結成を呼びかける。

2008年 著書『反貧困―「すべり台社会」からの脱出』（岩波新書）が大佛次郎論壇《おさらぎじろうろんだん》賞受賞。

2018年 全国のこども食堂を支援するための「認定NPO法人全国こども食堂支援センター・むすびえ」を設立。

聞いた。頑《がん》張《ば》れと言うのは簡《かん》単《たん》。そうではなく、みんなが堂々と生きられる社会にするのが大事なんだ」。

その熱っぽさ。一方でメディアに映《うつ》るクールな姿《すがた》。憤《いきどお》りや怒《いか》りは、ひたすら考え抜《ぬ》くことで論《ろん》理《り》的《てき》な言葉に結《けっ》晶《しょう》化《か》される。それはわかりやすく、力強く、人の心に届《とど》く。

２００９年５月半ば、もやいを70代の男性がふらりと訪《おとず》れた。財布から2万円を出し、「はい、定額給付金。私《わたし》は住む所も食べる物もあるから」。そう言って、握《あく》手《しゅ》を求めると立ち去った。

もう10カ月間、全く休んでいない。**「国はまだ貧《ひん》困《こん》を正面から見すえていない。だ**

派遣《はけん》切りに遭《あ》った人と話す。「アルバイトから少しずつやってみましょうよ」＝東京都荒川区《あらかわく》

から、**止まる理由が見つからない**」。さらりと言った。

湯《ゆ》浅《あさ》誠《まこと》さんに聞いてみよう

Q 東大法学部卒のいわば「超《ちょう》エリート」。道はいろいろ選べたのではないですか?

A 大学に入ったとき、父は「官僚《かんりょう》になれ」と言いましたが、人に使われるのは嫌《いや》でした。児童養護施設《しせつ》でのボランティアや平和運動にのめりこみ、大学にはあまり行っていません。3年のときなんて1コマ取っただけです。

5年のとき、学者になろうと決め、大学院進学のために猛勉強《もうべんきょう》しましたが、東大の院には落ちました。

Q

えっ、落ちたんですか？

A

そう、寝坊《ねぼう》して最初の英語の試験に間に合わなかったんです。人生で初めて「ガーン」という音を聞きました。

別の大学院に進んだ後、友人がやっていた野宿者《のじゅくしゃ》支援《しえん》の活動をのぞいたのが、この道に入るきっかけです。１年後、東大の院に入り直し、博士課程まで進みました。

Q

なのに、学者にならなかった理由は？

A

まあ、活動の方が面白くなって。**1995年に100人程度だった野**

宿者は、4年後に600人を超《こ》えました。社会の底が抜《ぬ》けていくのをまざまざと見ました。

その後、父が病気になり、家族のサポートと活動をしているうちに、研究から気持ちが遠のきました。

Q 団体を次々立ち上げている理由は？

A

2000年まではずっと渋谷《しぶや》、それ以降は「フードバンク」「もやい」、そして「あうん」で便利屋業をしました。

2007年には「反貧困《はんひんこん》ネットワーク」設立を呼《よ》びかけました。必要だと思ったら、すぐ動きます。瞬発力《しゅんぱつりょく》はあるのですが、同じ活動を長く続けるのはちょっと苦手かな。

Q

野宿者《のじゅくしゃ》の連帯保証人になりましたがリスクは気にならなかったでしょうか？

A

野宿者の賃貸《ちんたい》アパート入居後の滞納《たいのう》などのトラブルは5％前後です。95％は保証人に迷惑《めいわく》をかけずにやっている事実をもっと知ってほしいです。

高齢者《こうれいしゃ》も多いし、「畳《たたみ》の上で思う存分《ぞんぶん》寝《ね》たい」という思いは切実です。**単にアパートで暮《く》らすための手段《しゅだん》がなく、放置されてきた人たちなんです。**

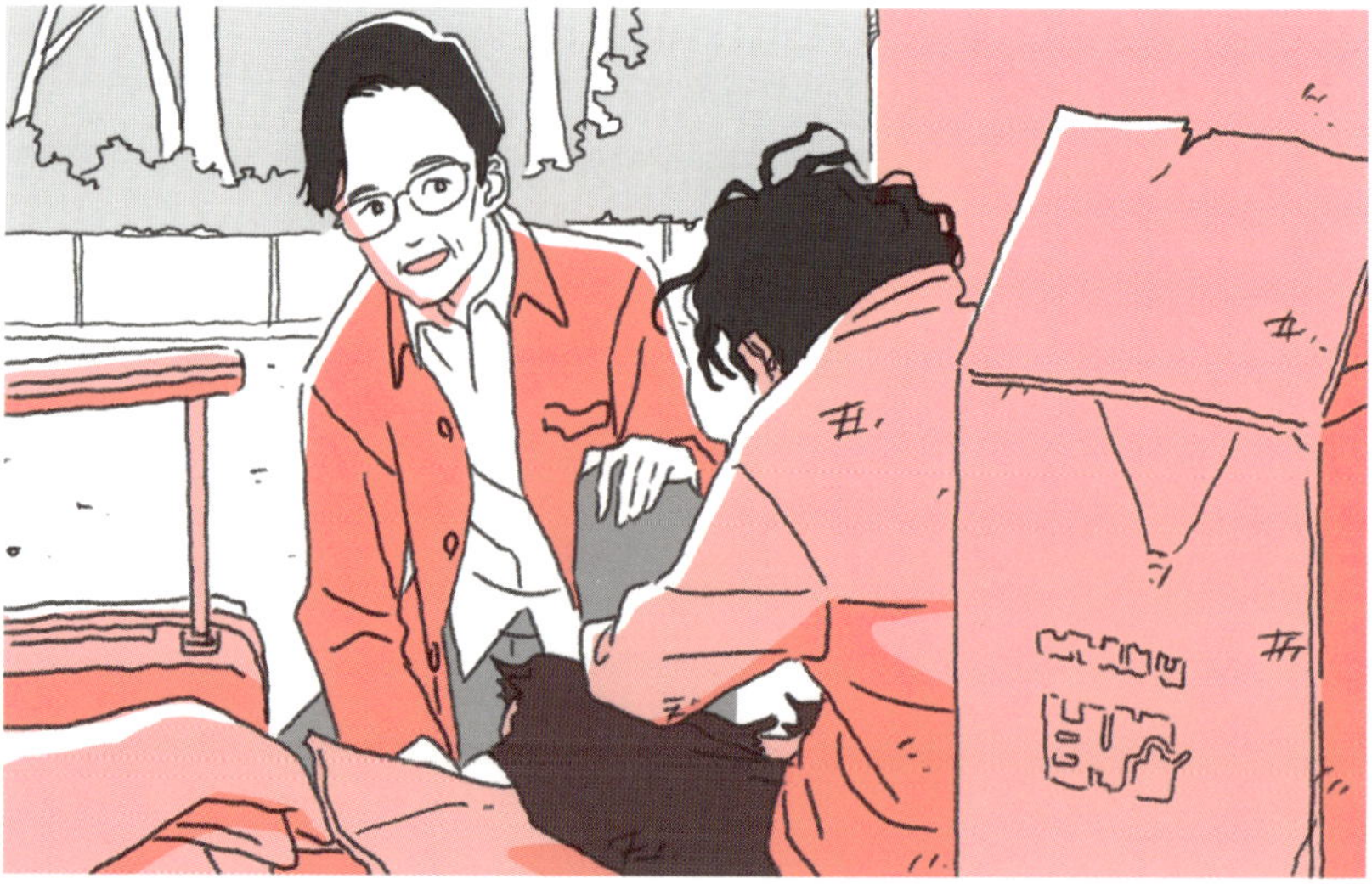

Q 今は講演や執筆《しっぴつ》で生計を立てていますが、それまでは？

A 大学院を退学《たいがく》し、奨学金《しょうがくきん》がなくなりました。貯金でしのいだ後、「あうん」で亡くなった人などの家財引き払《はら》いの仕事をして月8万円でした。その後は元大工の野宿者とリフォーム部隊を率いました。いやあ、面白かった。壁《かべ》のクロス張り、できますよ。

Q 「論客《ろんきゃく》」として近年、注目されています。転機は？

A 行政が生活保護の受理を拒《こば》む「水際《みずぎわ》作戦」に対抗《たいこう》するため、2005年に『本当に困《こま》った人のための生活保護申請《しんせい》マニュアル』という本を書いたのがきっかけです。日本弁護士連合会《にほんべんごしれんごうかい》の人権擁護《じんけんようご》大会のパネリストをした縁《えん》で、講演も増えました。

「貧困《ひんこん》」という言葉を使って文章を書き始めたのが2006年ごろ。ちょうど小泉政権《こいずみせいけん》末期で、メディアが検証を始めたときとも重なり、活動の幅《はば》が一気に広がりました。派遣村《はけんむら》以降《いこう》は、またステージが変わって、未知の体験が続いてます。

Q

「すべり台社会」「貧困ビジネス」など象徴的な言葉を発信しています。そのなかで「溜《た》め」もカギとなる概念《がいねん》ですね。

A

お金、人間関係、仕事、自信……。目に見えないけど人を包んでいるものが「溜め」。外からの衝撃《しょうげき》を吸収《きゅうしゅう》する働き、栄養源《えいようげん》としての働きがあります。

貧困は、溜めがない状態です。もやいに来る人の多くは自分を責め、身を縮《ちぢ》めています。そんな人に「あんたの努力が足りない」なんて言うのは、最後の溜めを奪《うば》うだけです。

Q そうした「自己責任論」と長い長い闘いを続けているのはなぜ？

A

戦後最長の景気拡大《かくだい》と言われた間も相談者は増え続け、多様化しました。野宿者、若者・ネットカフェ難民《なんみん》……。背景《はいけい》には、雇用《こよう》の劣化《れっか》、社会保障費《ほしょうひ》の削減《さくげん》があるのに、社会は自己責任《じこせきにん》で片《かた》づけてきました。「あんたに原因がある」と言われ、反論《はんろん》できる人はそういません。**自己責任論は相手を黙《だま》らせ、問題を閉《と》じ込《こ》めます。その結果、批判《ひはん》は社会や企業《きぎょう》に向かないのです。**

Q

従来の「活動家」とはイメージが全く違います。意識的ですか？

A

活動家って、どこかマッチョで「どこで爆《ばく》弾《だん》作ってるの」って印象でしょう？　それを変えたいんです。

私のイメージは「市民の中の市民」。活動家は、市民がモノを言える場をつくる人だと思います。新たに「活動家一丁あがり！」という養成講《こう》座《ざ》を始め、若者たちとわいわいやってます。モノ言う市民を増やす試みです。

Q

社会をどう変えたいですか？

A

ストライクゾーンをもっと広げたい。そうすればボールと判定される人

が減り、多くの人が生きやすい社会になります。でも、それは一人じゃできません。だから仲間を集め、「場」をつくり、社会に問いかける。それが私の役割《やくわり》だと思っています。

新聞掲載：2009年6月27日

Column もっとくわしく知りたい！

リアルな現場の最前線

日本の貧《ひん》困《こん》は世界的に見てどうなの？

日本の相対的貧困率は15.4％（2021年）。この数字は世界主要7か国（G7）の中で2番目に高く、国民の7人に一人が「生活が苦しい」状態を意味している。「相対的貧困」とはその国や地域《ちいき》の水準と比較《ひかく》して、自由に使えるお金が半分にも満たないこと。その結果、例えば「食べる物はかろうじて困らないけど、栄養が十分に摂《と》れる食事かといえばそうではない」といった、表に出にくい貧困を生み出している。

とくに近年、教育にお金をかけられないことで生じる教育格差によって、子どもの貧困率が上昇《じょうしょう》、深刻《しんこく》な社会問題になっている。

※平成24年版厚生労働白書 －社会保障を考える－

いのちを
支える
2

自分自身を大切に
そこから支《し》援《えん》が始まる

NPO法人ライトリング代表理事
石《いし》井《い》綾《あや》華《か》

「支え手」を支え、命守りたい

若者の孤独《こどく》・孤立や自殺の予防に地道に取り組んできた。悩んでいる当事者を支援《しえん》するわけではない。当事者のそばにいる友人や恋人、家族を、支援するのだ。

特に力を入れてきたのは、**身近な当事者の悩《なや》みや異変《いへん》に気づき、傾聴《けいちょう》し、ときに専門家による支援などにつなげる役割《やくわり》を担《にな》う「ゲートキーパー（命の門番）」の養成だ**。国や地方自治体が自殺防止のため養成を進めているボランティアのことだ。

特別な資格はないが、養成人数の数値《すうち》目標を決めている自治体もある。

通常のゲートキーパー研修は、講習会を1回受けるだけ、というケースが多い。だが、ライトリングは違《ちが》う。実際に悩みを聴いてもらう実践《じっせん》ワークまで含めているのが特徴《とくちょう》だ。

中学や高校、大学で研修をするときは、授業2コマ分をもらう。初回は心構えなどの概論《がいろん》を話し、実際に人の話を聴く宿題をやってきてもらい、2回目にその経験を共有する。

「座学《ざがく》での学習だけでなく、その後の実践や振《ふ》り返り、定着を重視《じゅうし》しています。実際にゲートキーパーとし

池袋《いけぶくろ》駅前の雑踏《ざっとう》をかき分けながら。自殺予防には、人同士のつながりが大切という。「これから新宿《しんじゅく》でミーティングです」と言うと真剣な表情になった＝東京都豊島区

ての一歩を踏《ふ》み出してもらいます」。

これまで、約3万2千人のゲートキーパーを養成してきた。研修プログラムについては、精神科医やカウンセラーの助言を受ける。自身も精神保健福祉士《ふくしし》として経験を積んできた。コロナ禍《か》で10〜20代の自殺者が増加傾向《けいこう》にある中、この活動の重要性は増している。

■居場所をつくる

2010年、「こころの病予防プロジェクトa．light」を始めた。大学2年のときだ。

全国の精神科病院を回って患者《かんじゃ》らの声を聴《き》き、カフェで相談室を始めた。**「相談業務を始めてみたら、友人や恋人《こいびと》の悩《なや》みを受けとめる若者自身が、悩みを抱《かか》えているケースが多かった」**。こうした人たちに手を差し伸《の》べようと、卒業直前の12年、NPO法人「ライトリング」を設立した。

1989年、福島県郡山市生まれ。活動の原点にあるのは、自身の摂食障《せっしょくしょう》害《がい》による入院経験と、父親のアルコール依存症《いぞんしょう》による病死。心の病が死に直結すること、また誰《だれ》もがなり得ることを強く実感した。

プロフィール

1989年 福島県郡山《こおりやま》市に3姉妹の長女として生まれる。幼少期は「一人遊びが好きで、目の前のことに集中する性格だった」。

幼少期のころの石井綾華さん＝石井さん提供

★大正大学人間学部に進学。その後、精神保健福祉士の資格をとる。大学2年時に「a.light」を設立。その後、NPO法人「LightRing.」に名称変更。

★若者自殺対策全国ネットワーク設立発起人・共同代表。東京都港区で自殺対策関係機関協議会委員。東京都の自殺総合対策東京会議の委員も務める。作新学院大学客員准《じゅん》教授。

★社会で活躍《かつやく》する若者を表彰《ひょうしょう》する「第11回若者力大賞」で、ユースリーダー賞を受賞。

★常勤《じょうきん》スタッフ5人のほか「聴くトモ」らボランティア32人と活動を行う。毎晩《まいばん》、午前0時過ぎまで相談業務を行う。

★K-POPが好き。歌って踊《おど》って発散する。韓国スイーツも大好き。

これらの経験から、心の病は「社会」が増幅《ぞうふく》させる面があることに気づく。自身も摂食障害《せっしょくしょうがい》から退院《たいいん》してきたとき、偏見《へんけん》の目にさらされた。**心の病は自分一人の問題でも、家族だけの問題でもなく、地域《ちいき》や職場など「社会の偏見」に大きな問題がある**のではと考えた。

ライトリングを立ち上げ、ちょうど10年がたつ。「身近な人の力によって、若者の自殺問題を解決できると信じています。専門家も一体となって支えられる社会を目指したい」。

東京・池袋《いけぶくろ》の中心部近くにある「イケ・サンパーク」は、一面に芝生が広がり、リラックスできるという。「事務所が近いので、よくお茶をしたり、仕事をしたりしに来ますね」＝東京都豊島区

石井綾華《いしいあやか》さんに聞いてみよう

Q
若者の自殺が深刻ですがどう思われますか？

A
2020年の厚生労働省の統計によると、19歳《さい》以下の子どもが前年比約18％増の777人、20代の若者が約19％増の2521人に増えました。コロナ禍《か》の影響《えいきょう》が指摘《してき》されています。各年代の死因における自殺の割合《わりあい》も、10～20代で1位です。

10～20代で死因の1位が自殺になっているのは、先進国では日本のみです。中高年と比べて、若い世代の自殺は増加傾向《けいこう》にあります。

Q メインの活動は、悩む本人ではなく、周りの友人や支え手の支援なのですか？

A はい。ゲートキーパー育成事業と若者支え手支援事業が主になります。若者支え手支援事業では、自殺予防の少し手前の「孤独《こどく》・孤立予防」を目的に活動しています。まず当NPO法人で養成した**「聴《き》くトモ（友）」というボランティアが、「支え手」の話を聴き、支え方について助言**し、相談に乗ります。

そして、「ライトリングタイム」という「支え手」の居場所活動。身近な人を支えるためのスキルを身につけるソーシャルサポート力養成講座《こうざ》、「聴くトモ」を養成する講座などを開いてきました。

Q

ゲートキーパーの育成では、フォローアップに力を入れているのですね。

A

はい、座学《ざがく》での学習だけでは限界があります。その後の実践《じっせん》や振《ふ》り返りを重視《じゅうし》しています。

意識的に日常生活を送ることで、身近な友人や家族の異変《いへん》にいち早く気づいたり、つらい気持ちを受け止めたりすることにつながります。

Q

「ライトリングタイム」では、どのように気持ちをシェアするのですか？

A

例えば、夜中に相談が来た場合、どう対応するかといったテーマについて話し合い、「僕ならLINE《ライン》のスタンプ1個返して、翌日《よくじつ》じっくり話を聴《き》く」「私なら30分だけ話を聴く」など、支え手さんごとの個別具体的手法を支援《しえん》します。

恋人《こいびと》を長年支えている女性がいたのですが、友達に相談しても「そんな彼、別れちゃいなよ」としか言われずに悩《なや》んでいました。**ライトリングでほかの人たちと交流することで、初めてわかってもらえた、と言っていました。**まさに、そういう、たった一人で友人等の悩みを受けとめる方々が、理解や共感しあえる居場所になってほしい。

Q 事業の効果は検証されているのですか？

A はい、例えば19年度に東京の新宿区《しんじゅくく》と港区《みなとく》で育成したゲートキーパーは734人。彼ら彼女らに悩みを打ち明けた若者の数は399人。うち92人は「死にたい」「この世からいなくなりたい」という訴《うった》えでした。

実際に、ゲートキーパーとしての一歩を踏《ふ》み出しているといえます。本当の意味で、悩む本人にも、身近で支える方々にも、役に立てる研修を目指しています。

Q なぜ当事者ではなく支え手への支援を？

A

二つ理由があります。まず、環境《かんきょう》支援という意味合いです。**心の病を治《ち》療《りょう》して退院《たいいん》しても、地域《ちいき》や職場に戻《もど》り、周りに理解がなければ、再発することがあります**。周りの理解者を養成することが大事なのです。

もう一つは、若者は「自分自身が悩んでいる」とは言いにくい存在《そんざい》だということです。特に思春期・青年期は同質性を持っているので、身近な人の悩みを受けとめる者自身も、同じ悩みを持つ当事者の一面を持つことが、実は多いのです。

Q

ご自身の体験とお父様の死から、大きな影響を受けたそうですが詳しく教えてください。

A

二つの経験は原体験としてあります。まず、自分の摂食障害《せっしょくしょうがい》。ファッション雑誌《ざっし》を見たことなどがきっかけになり、過度なダイエットを経て、食事がとれなくなってしまいました。

一時は身長156センチで体重30キロまで落ちてしまいました。その後入院し回復、退院《たいいん》しましたが、周りの目は偏見《へんけん》に満ちていました。

そして高3の冬、アルコール依存症《いぞんしょう》になった父が他界しました。「そばにいたのに、なぜ救えなかったのか」と自責《じせき》の念にかられました。

それらの出来事から、メンタルヘルスの仕事につきたいと思うようになりました。最初はカウンセラーを目指していたのですが、**目の前の人を救うには限度があるため、社会全体の仕組みを変える仕事をしたい**と思うようになりました。

Q 死にたいと言われたら、どう対応すればいいのですか？

A

まずは「死にたいほどつらいんだね」と、その奥《おく》にある気持ちを聴《き》いてあげてほしいと思います。

相手の話のキーワードや語尾《ごび》を繰《く》り返すといったコツがあり、相談者が笑顔を取り戻《もど》すこともあります。してはいけないのは否定やアドバイス。「死にたいなんて言わないで」と言うのは控えましょう。大切なことは、あわてたり驚いたりすることなく、「死にたい」気持ちがあっても「自殺を（実行）しない」という約束を交わすことです。

Q 相談者との距離のとり方は難しいですがよい方法は？

A

大切なのは、「自分と他人の境界をつくり、自分自身を愛する気持ち」です。まず自分自身を大切にすることから、身近な支え（ゲートキーパー）は始まります。「テストや進路、人間関係など大変なことがたくさんあるけれど、毎日よく生きて頑張《がんば》っているね」と自分をほめてあげてください。悩《なや》みに気づきそばにいるあなた自身が、友人などにとっては、とても重要な存在《そんざい》です。そこから、支え手としての支援《しえん》が始まります。

いのちを支える 3

誰《だれ》もがゼロから始められる社会を作りたい

NPO法人「あなたのいばしょ」理事長

大空《おおぞら》幸星《こうき》

孤独《こどく》をなくすため、寄り添《そ》う

「新学期が始まったけどクラスになじめない」「リストラされた。死にたい」。パソコン画面に文字が浮かぶ。「おつらいんですね」「どんなことがあったのか、よかったら教えていただけませんか」。相談スタッフは在宅《ざいたく》で画面に向き合い、応答を打ちこんでいく。

24時間365日、ネットのチャットで相談を受け付けている。相談件数は1日平均1000〜1500件。2020年3月の事業開始以来、累計《るいけい》107万件を超《こ》えた（2024年7月現在）。「望まない孤独をなくしたい」と大学に通いながらNPO法人を率《ひき》い、政策《せいさく》提言を続ける。

この一年間、ずいぶんと永田町《ながたちょう》に通った。寄せられた相談のデータをもとに政治家や官僚《かんりょう》に政策を提言し、議論している＝東京都千代田《ちよだ》区の国会議事堂前

小学5年のときに両親が離婚《りこん》し、母が出て行った。「ついていきたかったけど、言えなかった」。

ものが食べられなくなり、入院。母を追って中1で上京したが、母は留守がちで、いつもひとりぼっち。高校進学後には、母との関係が悪化した。学校も休みがちになり、手首を傷《きず》つけた。

■孤独《こどく》を知るからこそ、できること

転機になったのは、恩師《おんし》との出会い。「誰《だれ》も僕を気にしてくれない」と思い詰《つ》め、ある日の明け方、担任《たんにん》

夕方から夜に変わるひととき。相談は夜の時間帯に多く寄せられる。一番多いのは日曜の夜だという＝東京都千代田区

だった藤井崇史《ふじいたかし》さんに「学校をやめます」とメールをした。学校に届《とど》けた住所は正確ではなかったが、藤井さんは捜《さが》し回って家を突《つ》き止め、迎《むか》えに来た。「こんな大人は初めてだった」。

プロフィール

1998年 松山市生まれ。

2003年 バイオリンを習い始める。1日6、7時間練習する日もあるほど。父母が離婚《りこん》した小5まで続ける。

2011年 母を追って上京。

2014年 高校で恩師《おんし》に出会う。

2018年 ニュージーランドに留学。バイオリンを再び始め、高校生のオーケストラでコンサートマスターに。2016年、高校の授業の一環《いっかん》でフィリピン・セブ島へ。孤児院《こじいん》を訪問《ほうもん》した際にバイオリンで音楽交流。以後4回訪れる。写真（奥の右から2人目）は2018年。音楽の趣味《しゅみ》は広く、一番好きなアーティストは細野晴臣《ほそのはるおみ》。尾崎豊《おざきゆたか》も好き。

フィリピンの孤児院での大空幸星さん＝フィリピン・セブ島、提供写真

2017年 慶應義塾大学総合政策学部入学。1年休学してアルバイトに専念する。

2020年 3月に大学生の友人と2人でチャットの相談事業「あなたのいばしょ」開始。12月にＮＰＯ法人化。相談をしたい人は団体ウェブサイト（https://talkme.jp/）から。

以来、「孤独《こどく》の根絶」に向き合う。大学のAO《エーオー》入試の志望書にも「孤独感を感じずに過ごせる社会をつくりたい」と書いた。入学とともに家を出て、生活費と学費を稼《かせ》ぐため1年間休学。アルバイトで「悲惨《ひさん》な境遇《きょうぐう》の子とたくさん出会った」。何とかしたい。友人と2人で相談事業を始めた。「今の若者は電話もしない」とチャットを採用。相手をじっと受け止める「傾聴《けいちょう》」が基本だ。

初日の相談は40件。「一から組織を作ります」とスタッフをネットで急募《きゅうぼ》した。

深夜も対応できるよう海外在住者も募《つの》り、厚生労働省のガイドラインに沿《そ》った自前《じまえ》の研修を経て相談に応じてもらう。**スタッフは今や32カ国に千人（2024**

ここが気になる!

「対症療法《たいしょうりょうほう》」ってどんなことをするの？

「対症療法」の主目的は病気の症状を和らげること。病気の原因を取り除《のぞ》くのではなく、現れた症状に応じて治療《ちりょう》する。例えばガンの場合、ガン（原因）を手術で取り除くのではなく、痛み（症状）を消す治療を行うイメージ。原因は解消されないが、苦痛《くつう》となる症状を和らげることで生活が快適になり、その人らしさを取り戻《もど》す作用があるとされている。

年7月現在)。ビジネスパーソンや医師、臨床心理士《りんしょうしんりし》や大学教員ら多くの大人たちが無給のボランティアで集まった。助成や寄付なども受け、今後は人件費なども出す予定だ。

事務局長(当時)の宇佐美明生《うさみあきお》さんは「彼はゆるがない信念に人生をかけようとしている。その真剣《しんけん》さと熱意にみんながうたれる」という。

「僕らの活動は対症療法。源流《げんりゅう》を変えなければ」と世界で初めて孤独担当相を置いた英国の担当者に話を聞き、政策案《せいさくあん》を練った。それを手に、政治家や省《しょう》庁《ちょう》、自治体にはたらきかけ、政治も動く。2021年1月に自民党の若手勉強会が立ち上がり、2月、孤独・孤立対策担当相ができた。

「孤独を知る僕だからこそ、孤独をなくすことができるはずです」。

大空《おおぞら》幸星《こうき》さんに 聞いてみよう

Q

中高時代はいつもマスクをしていたとか。なぜですか？

A

東京に来てからずっとマスクをしていて、外すのは体育のときだけ。自分の顔を見せたくなかった。留学するとき、向こうでマスクをしていたら不審《ふしん》に思われると言われて、外しました。すごく勇気がいりました。

Q

高校の担任《たんにん》の先生に救われたんですね。

A

僕は先生との出会いという奇跡《きせき》があったから、今があります。でも**ほとんどの人には奇跡は起こりません。そんな人たちの居場所を作りたかった。**

Q チャットで相談をしてくる人の年代は？

A

10〜20代が6割《わり》ですが、未就学児《みしゅうがくじ》から70代までですね。

Q チャット相談ならではの良さはありますか？

A

書くことで、自分自身や問題を客観的に眺《なが》められます。「書くだけですっきりした」という人もいます。

データも取りやすいです。データは重視《じゅうし》していて、どの地域《ちいき》でどの年代がどんな相談を、などが蓄積《ちくせき》されています。

たとえ話ですが、神奈川県で金曜の夜に中学生から相談が多かったとしたら、金曜に学校で相談の時間を作る、といった制度に生かせるのではと思います。

Q 深刻なケースにはどう対応するのでしょうか？

A まさに今、自分を手にかけようとしているとか、女子中学生が自宅《じたく》で破水《はすい》してしまったとか。1％くらいは地域の警察《けいさつ》、児童相談所、医療《いりょう》機関などにつなぎます。

相談のやりとりはスタッフなら誰でも見られますから、経験豊かなスタッフや僕が、常にチェックしています。緊急事態専用《きんきゅうじたいせんよう》の内部連絡窓口《れんらくまどぐち》も用意しています。

Q 向き合うスタッフもつらくなりませんか？

A スタッフはいくつかのグループに分かれて、経験豊かなスタッフがアドバイスします。相談にのるうえでの悩《なや》みを共有する場も多く設《もう》けています。

Q 事業は急拡大していますが、どう思われますか？

A

僕の当初のイメージでは、相談スタッフを1年で1万人くらいに増やしたかったんです。この10年ほど、20歳《さい》未満の自殺者の数はほとんど減っていません。他の年代は減っていたのに。

政府は子どもや若者の実情を知らずに対策《たいさく》をしてきたという、怒《いか》りと焦《あせ》りがあります。

Q

でも、政府の取り組みも進んでいるのでは？

A

孤独《こどく》・孤立対策担当相《たんとうしょう》ができたのは一歩前進ですが、ウェブサイトも貧弱です。

政府のメッセージとして、まずは「孤独は自己責任ではない」「誰《だれ》かに頼《たよ》ることは恥《はじ》ではない」と呼《よ》びかけてほしい。

Q

環境省にも政策提言をしているそうですね。

A

オーバードーズ（薬の過剰摂取《かじょうせっしゅ》）をしてしまった、という相談がよく寄せられます。英国では孤独対策として、地域の活動やサービスにつなげる「社会的処方《しょほう》」という手法がとられています。その一種として、国立公園などを利用し自然にふれることで、薬に頼らずメンタルヘルスの向上に役立てられるのではと考えています。

Q

自治体にもはたらきかけを？

A

神戸市の市議会議員と知り合いで、議会で何度か質問をしてくれました。神戸市《こうべし》では4月から孤独担当《こどくたんとう》の局長ができました。より現場に近い政策《せいさく》が進むのではないかと思っています。

Q 政治とのかかわりは高校時代から？

A 高校生と政治家が交流するイベントに参加したのが最初です。大学入学後は拉致《らち》問題を考えるイベントをして、菅義偉官房長官《すがよしひでかんぼうちょうかん》（当時）にメッセージをもらいました。

昨年はコロナ禍《か》で大学に通えなくなったので、学費減免《げんめん》を求めて署名《しょめい》を集め、他の大学の学生たちと提言を自民党の稲田朋美《いなだともみ》幹事長代行（当時）や文部科学副大臣に出しました。

Q

若いのにすごいですね。

A

若いからこそ、みんな応援してくれるのではないでしょうか。**若いと何もできない、聞いてもらえないって思っている人たちが多いけど、逆なんです。**

Q

大学4年生ですが、就職活動はしない？

A

大学院に進む予定ですが、NPOは責任を持ってやり続けます。

実は、ビジネスの起業を考えたこともありました。ちょっとした家事や用事を頼《たの》みたい人とやる人を、スマホで仲介《ちゅうかい》する。これも孤独をなくすことにつながります。

ビジネスプランのコンテストに出て出資者も見つかったのですが、結局やめました。利益重視《じゅうし》になってしまうし、困《こま》りごとをお金に換《か》えるのは、やっぱり嫌《いや》だなと思って。

Q これからは何を？

A 在外邦人《ざいがいほうじん》から相談が寄せられています。たとえば、小学生が親から受ける虐待《ぎゃくたい》などから救うシステムを作りたいです。
それから、今は応答できるのが全部の相談の6割《わり》なんですが、この割合を高めたいです。いつか保育園を作るという夢もあります。

Q

保育園、ですか？

A

保育園って、人生で初めて社会とふれる場所ですよね。そこでの教育ってすごく大事だと思います。

マイナスの状況《じょうきょう》からスタートしなければいけない子たちがいる。誰《だれ》もがゼロから始められる社会を作りたいのです。

新聞掲載：2021年4月24日

「あなたのいばしょ」のような
相談サービスは他にもあるの？

チャイルドライン https://childline.or.jp

18歳までの子どものための相談《そうだん》先で、電話やチャット相談サービスを提供。困りごとがなくても問題なし！　誰かに聞いてほしいとき、連絡してみるのがおすすめ。

ライフリンク https://yorisoi-chat.jp（チャット相談 生きづらびっと）

「死にたいな」「消えたいな」と感じている人のための電話・SNS・メール相談、「かくれてしまえばいいのです」というウェブ空間を提供している。子どもから大人まで、誰でも利用OK。掲載のURL以外に、複数の相談窓口あり。詳しくはホームページでご確認を。

BONDプロジェクト https://bondproject.jp

10、20代専用で生きづらさを抱える女の子のための支援をしている。電話相談はもちろん、LINE相談、メールなどにも対応が可能。

東京メンタルヘルス・スクエア https://www.npo-tms.or.jp

カウンセリング（オンライン・対面・電話）や無料の電話相談、SNS相談を実施。心の学びの場としてセミナーやイベントも開催している。

いのちを
支える
4

がんになっても安心して暮《く》らせる社会を

一般《いっぱん》社団《しゃだん》法人《ほうじん》「全国がん患者《かんじゃ》団体《だんたい》連合会」理事長
天《あま》野《の》慎《しん》介《すけ》

患者の声を届けたい

全国から52団体が加盟《かめい》する「全国がん患者《かんじゃ》団体連合会（全がん連）」を２０１５年に設立し、理事長を務める。厚生労働省、日本癌《がん》学会や国立がん研究センターなど30以上の公的な会議に患者・家族側の立場で出る。

ただ、「がん患者の代表」と言われると「年１００万人が診断《しんだん》される病気。1人で代表するのは無理」と返す。「それでも、多くの患者の利益のためにできることはある」と続ける。

会議では必ず意見や質問を投げかける。時に官僚《かんりょう》や病院側の思惑《おもわく》と異《こと》なるが

「言うべきことは言わないと」。**治療《ちりょう》中の、そして未来の患者たちのために、今何を伝え、問わねばならないか、常に考える。**

重圧《じゅうあつ》で苦しくなると、声を上げられなかった過去の患者を思う。大事な局面では永田町に議員を訪《たず》ね、がん対策《たいさく》への協力を依頼《いらい》する。

原点は、自身の闘病《とうびょう》体験だ。会社員だった2000年、27歳《さい》で「進行した悪性リンパ腫《しゅ》」と診断《しんだん》され、5年生存率《せいぞんりつ》は50％と言われた。相談相手も情報もない孤独《こどく》の底

会議でよく足を運ぶ霞が関で。後ろに写る国会議事堂には受動喫煙《きつえん》対策強化の議論のとき参考人として招かれた＝東京都千代田区

で、抗《こう》がん剤《ざい》の副作用のだるさやしびれに耐《た》えた。周りに話すこともできず、逃《に》げるように退職《たいしょく》。

2年後の再発で生《せい》存《ぞん》率《りつ》は10～20％に下がり、2004年にも再発して入院した。

2001年に悪性リンパ腫《しゅ》の患者会《かんじゃかい》ができた。仲間とホームページで情報を発信し、海外で使われていた薬の承認《しょうにん》を国に求めた。

この頃、**多くのがん患者が治療環境の改善《かいぜん》を訴《うった》え、政策決定に患者らが関わるよう明記したがん対策基本法が2006年に成立**。当事者の声が国を動かす波を見た。

「自分は生き残り、体調も良くなった。限りある人生

ここが気になる！

がん対策推進《すいしん》協議会で行っていることは？

がん対策推進協議会のモットーは、「誰《だれ》一人取り残さないがん対策を推進し、全ての国民とがんの克服《こくふく》を目指す」こと。厚生労働省が主体となり、がんに関する相談支援《しえん》や情報提供《ていきょう》、予防や検診に関する啓《けい》もう活動を行っている。特に、各都道府県ががん対策を進める際の相談窓口《まどぐち》として、指針《ししん》を示す機関として、機能している。

で、やるべきことは何なのか」。
考え抜《ぬ》き、仕事をやめて患者会活動に専念《せんねん》すると決めた。以来、最新情報を発信し、交流会を開き、患者や家族の苦悩《くのう》に耳を傾《かたむ》けてきた。そして何人もの

プロフィール

1973年 東京都生まれ。18歳《さい》まで大阪で過ごす。慶應義塾大学商学部卒。学生新聞編集部の編集長も務め、「授業より、部室に入り浸《びた》っていた」。

2000年 悪性リンパ腫の3期と診断され、超大量化学療法などの治療を受ける。2002年と2004年に再発し、再入院。2002年秋には合併症《がっぺいしょう》から感染症《かんせんしょう》になり、左目を失明。（写真は発病3年前、鎌倉《かまくら》に遊びに行ったときの一コマ）

悪性リンパ腫を発病する約3年前、鎌倉で。当時は24歳、都内で会社員をしていた。（本人提供）

2001年 発足した悪性リンパ腫患者会「グループ・ネクサス・ジャパン」に参加。2006年に理事長に就任《しゅうにん》。

2009年 2009年から4年間、国のがん対策推進協議会委員。会長代理も務めた。「会長代理なのに意見を言いすぎる」と指摘《してき》されたことも。

2013年 患者会活動で知り合った（多和田）奈津子さんと結婚。横浜市港南区の築31年のマンションで2人暮らし。

2015年 全国がん患者団体連合会を設立、理事長に就任。

2020年 腎臓《じんぞう》の機能が悪化し入院。透析《とうせき》に通うようになる。

2021年 朝日がん大賞受賞。

仲間を見送った。

■患者《かんじゃ》会の大同団結が必要

2009年から4年間、国のがん対策《たいさく》推進《すいしん》協議会の委員を務め、「がんになっても安心して暮《く》らせる社会」を目標に入れた。その実現に向けて、乳《にゅう》がん、肺《はい》がんなどの病気別、あるいは地域《ちいき》ごとに活動する患者会が結集できれば。そう思って、全がん連を作った。政策提言を考え、要望を出す。毎年の「がん患者学会」は学びと励《はげ》ましあいの場だ。

マンションの自宅で愛猫《あいびょう》の「茶々丸」をあやす天野慎介《あまのしんすけ》さんと奈津子《なつこ》さん＝神奈川県横浜市

「20年で患者の環境は格段に良くなったけど、今だって命に関わる病気。変わらぬ苦しさがあり、新しい課題も出てくる」。

治療《ちりょう》後の感染《かんせん》が原因で、左目は見えず、腎臓《じんぞう》も悪くなって、週3回の透析《とうせき》に通う。会議のプレッシャーと通院の疲労《ひろう》は、同じ病の経験者で活動を共にする妻の奈津子《なつこ》さんや、2年半前に家族になった拾い猫《ねこ》「茶々丸」に癒《い》やしてもらう日々だ。

天野《あまの》慎介《しんすけ》さんに 聞いてみよう

Q 悪性リンパ腫《しゅ》の患者会《かんじゃかい》「グループ・ネクサス・ジャパン」は設立22年。仕事をやめて関わったのですね？

A 会員は現在、約1400人です。創立《そうりつ》メンバーではないですが、発足《ほっそく》当時の会合で100人以上の患者が集まったのを見たときは、感動で震《ふる》えました。こんなに仲間がいるのかと。

会は海外で使っていた薬の早期承認《しょうにん》を求め、私の2回目の再発に間に合いました。でも承認が早ければ、助かった人は大勢いたはず。それは決して忘れません。

2000年代初め、患者の立場は今よりずっと弱く、がんへの偏見《へんけん》もありました。ネットも発展途上《はってんとじょう》で、情報は得られず声も届《とど》かない。そんな状況を変えようと、がんの患者会の活動は活発になりました。
ネクサスも会員が増える半面、運営側の手が不足していました。

■どう生きようか

たまたま生き残った自分はどう生きようか。考えました。

当時は派遣《はけん》でコールセンターの管理職をし、稼《かせ》ぎは多いけど忙《いそが》しかった。最低限の健康で文化的な生活ができればいいと、全ての時間を活動に注ぐことにしました。収入《しゅうにゅう》の減り方は予想以上でしたが、ネクサス発足時に決めた規定の報酬《ほうしゅう》で、暮《く》らしてはいけます。

Q 相談を受けていて、今、気になることは？

A

コロナ禍《か》の感染《かんせん》の恐怖《きょうふ》で外出せず、孤独《こどく》を深めて体も弱る患者《かんじゃ》さんがいます。ネクサスもオンラインで交流会を開きますが、高齢《こうれい》でネットが苦手な人も多いのです。

ネットといえば、検索《けんさく》で情報が得やすくなった一方、**科学的根拠《こんきょ》がない自費診療《しんりょう》の治療《ちりょう》も多く表示される危《あや》うさがあります。「藁《わら》にもすがる」患者の心につけこむ人たちもいて怒《いか》りがわきます。**

手元に「効果が期待できる標準治療《ちりょう》」という良いカードがあるのに、別のカードを選んで後悔《こうかい》しないよう、注意が必要です。

ただ、そういう治療を試す患者本人に否定的《ひていてき》なことは言いません。自分も追い込《こ》ま

れたら頼《たよ》るかもしれない。患者には何かしら「希望」が必要なんです。

地方の状況《じょうきょう》も気になります。治療で迷ったらセカンドオピニオンで情報を得るのは権利ですが、受けたいと伝えたら主治医の機嫌《きげん》をそこねたという話が今もあります。一部では医師不足も深刻で、危機感があります。

Q 全国がん患者団体連合会（全がん連）を作り、理事長として多くの会議に呼ばれますね。

A ネクサス1団体で要望してもなかなか動いてもらえず、がん患者会の大同団結が必要だと考えました。

加盟団体は発足時の3倍以上です。参加していない患者会もまだ多いですが、全がん連として要望を出すと、注目してもらえるようになり、手ごたえを感じます。私が会合に委員として呼《よ》ばれるのも、全がん連が一定の信頼《しんらい》を得たからかもしれません。

会議は専門的《せんもんてき》だったり、込《こ》み入った背景《はいけい》があったりで、事前に全がん連の仲間や専門家に相談することもあります。患者《かんじゃ》が参加できる(医療系《いりょうけい》の)学会も増え、医師や研究者から教わることも多くなりました。

全がん連の設立前、がん対策推進《たいさくすいしん》協議会の委員のときは「発言をミスったら患者に不利益が及《およ》ぶ」というプレッシャーで、会議の前は吐《は》きそうでした。**今も緊張《きんちょう》はしますが、そこまではないのは、経験や人のつながりのおかげです。何事も一人で抱《かか》え込むのはよくない**と、強く思います。

Q 「がんになっても安心して暮らせる社会」をずっと目標としていますね。

A

「がんになっても安心して暮《く》らせる社会」という言葉は、国のがん対策推進協議会で会長代理をしていたとき、他のがん経験者の委員と働きかけてがん対策推進基本計画に入ったものです。患者の「社会的な苦痛《くつう》」への対策にも本腰《ほんごし》を入れてほしかったんです。

例えばお金。皆保険《かいほけん》と高額療養費《こうがくりょうようひ》の制度で自己負担《じこふたん》が抑《おさ》えられますが、治療が長引くと払《はら》うのが厳《きび》しい人もいます。窮状《きゅうじょう》を訴《うった》えた北海道の金子明美さんが10年に亡《な》くなり、切実な課題として引き継《つ》ぎました。

その2年後、要望が通り、高額療養費分を外来で何十万円も立て替《か》えずに済む仕組みができました。仕事と治療の両立という就労《しゅうろう》の問題も、取り組みが始まりました。

でも、お金の問題は難《むずか》しい。**命が助かる人が増えたからこそ、医療費の悩《なや》みや不安が増した面もあります。**

Q がんの基本計画は改定作業が大詰めです。全がん連の要望は？

A

10項目《こうもく》を出しました。一つはゲノム医療《いりょう》です。遺伝情報を基に最適な治《ち》療法《りょうほう》を見つける技術には、期待が高い。でも、将来《しょうらい》の発病リスクがわかっても保険や就労で差別を受けない仕組みが必要です。米国では法が整備されましたが、日本はまだです。

患者が少ない希少がんや難治《なんじ》がんの対策《たいさく》は、5年以上前に基本法に入りましたが、あまり進展しません。小児がんも希少なものが多い。対応を求めています。

がんになった後の環境をどう良くするか。今後も要望を伝えていきます。

新聞掲載：2023年2月4日

いのちを
支える
5

五感を刺激《しげき》する力で人は変われる

不知火《しらぬい》病院理事長・精神科医
徳《とく》永《なが》雄《ゆう》一《いち》郎《ろう》

うつ病《びょう》専門病《びょう》棟《とう》の先《せん》駆《く》者《しゃ》

30年以上、うつ病患者と向き合ってきた。有《あり》明《あけ》海《かい》に近い福岡県大《おお》牟《む》田《た》市の不《し》知《らぬ》火《い》病院。**全国に先駆け、1989年にうつ病専門病棟「海の病棟」を開いた。**川に面した陽光が注ぐ開放的な病棟が特徴《とくちょう》だ。薬物療法《りょうほう》だけでなく、カウンセリングなども重視《じゅうし》する。評判を聞き、患者《かんじゃ》は全国から集まる。

父親は初代院長。自身は政治家を志した時期もあった。昭和大学を卒業後、地元の福岡大学へ。研修医をした後、大学院で精神分析《ぶんせき》を学んだ。毎年夏に自《じ》閉症《へいしょう》などの親子と一緒《いっしょ》にキャンプをしたのが印象に残る。「集団だと、短期で患者の表情が和《やわ》らぐなど、精神科医療の大切さを知った」。父の後

週1回90分の病棟《びょうとう》カンファレンスに臨む徳永雄一郎《とくながゆういちろう》さん（中央）。看護助手《かんごじょしゅ》らを含む全スタッフが集まり、患者への対応を検討する＝福岡県大牟田市（撮影時のみマスクを外してもらいました）

を継《つ》ごうと、気持ちが傾《かたむ》いていった。「患者《かんじゃ》親子との密《みつ》な交流は、いまの自分の診療《しんりょう》スタイルに影響《えいきょう》を与《あた》えている」。

■自然には薬以上の効果がある!?

大学病院では、多くの人がうつ病で仕事の一線を退《しりぞ》いていく現実に直面した。当時は大半が閉鎖病棟《へいさびょうとう》。外出もままならず、職場復帰も難《むずか》しかった。

精神科医療《いりょう》の中心は、統合失調症《とうごうしっちょうしょう》だった。**「社会が複雑になり、うつ病患者はもっと増える。手を打たなければ」**。指導教授からの助言もあり、1986年に父親から院長職を引き継《つ》ぐと、すぐにうつ病専

門病棟の準備にとりかかった。建築家の長谷川逸子《はせがわいつこ》さんに「患者さんが安心できる、母性を感じる曲線的な空間をつくってほしい」と頼《たの》んだ。建物の力で、うつ病を良くすることはできないか、と考えたのだ。

プロフィール

1948年 福岡県大牟田市《おおむたし》生まれ。父は不知火《しらぬい》病院初代院長。

1976年 昭和大学医学部卒業。大学時代は剣道に熱中。部の副将を務《つと》める。

★福岡大学大学院で、精神分析を学ぶ。研修医として、統合失調症やうつ病の患者を多く診る。写真は、アメリカでの学会参加後にカリフォルニア大学ロサンゼルス校で。

研修医時代、アメリカの学会に参加した徳永雄一郎さん

1986年 院長職を引き継ぐ。

1989年 うつ病専門病棟「海の病棟」を開設。のちに病院建築賞（現・医療福祉建築賞）を受賞。

1995年 この年の阪神・淡路大震災で、発生直後から延べ120日間にわたり、スタッフ38人を派遣《はけん》。

2008年 中国の上海《シャンハイ》市で、現地邦人を対象にした診察を始める。

★著書に『「脳疲労」社会　ストレスケア病棟からみえる現代日本』（講談社）、『ストレスとうつ』（西日本新聞社）など。

ときに自然は、薬やカウンセリング以上の効果をみせる。他の病院で改善《かいぜん》しなかった男性は、海の病棟《びょうとう》に入院し、職場復帰できるまでになった。**「室内に太陽の光が揺《ゆ》れるのを見て、俺《おれ》は生きていると感じた」**と男性は話した。

予想通り、うつ病の患者《かんじゃ》は増えた。「ストレス社会」の広まりとともに、患者は100万人を超《こ》えた。いまや躁《そう》うつ病を含め、約172万人に達している。

ただ当初は、うつ病患者の攻撃性《こうげきせい》

病院の中庭で患者の話を聴く。「目が生きてきたよ」と声をかけると、患者はうれしそうな表情を見せた＝福岡県大牟田《おおむた》市（撮影時のみマスクを外してもらいました）

に悩んだ。うつ病は自分自身を責める、とされてきたのに、看護師《かんごし》に対して攻撃的な言動が目立つようになった。患者の話を聞くことに特化した「カウンセリングナース」の養成も始めた。

海の病棟の試みに共鳴《きょうめい》した全国のうつ病専門病棟と、2000年、日本ストレスケア病棟研究会をつくった。加盟《かめい》病院は19に増えた。多くが療養《りょうよう》環境《かんきょう》やカウンセリングを重視した開放病棟だ。

2017年度、長年の取り組みが認《みと》められ、日本精神神経学会の精神医療奨励《しょうれい》賞を受賞した。

「時代の変化に敏感に、これからも逃《に》げずに、うつ病患者さんと向き合っていきたい」。

ここが気になる！

うつの症状にはどんなものがあるの？

「いいことがあってもうれしくない」「朝、気分が落ち込む」。これらはうつ症状の典型例だが、一見そうは思えない症状もあるので要注意。例えば、仕事や勉強中は元気がないのに、オフは元気がある場合。元気すぎて見落とされがちだが、同時に明らかな食欲不振《ふしん》や体重減少、自己嫌悪や罪悪感が長く続くようなら専門医による診察を検討したい。

徳永雄一郎《とくながゆういちろう》さんに 聞いてみよう

Q **うつ病専門病棟「海の病棟《びょうとう》」をつくるには、苦労されたそうですね。**

A はい、38床の病棟（その後10床分を増築）を建てるのに約4億円を使いました。周囲の病院からは「不知火《しらぬい》病院はつぶれる」と、うわさされました。

大学院の指導教授から「これからは、うつ病や不安障害《しょうがい》の時代だ」と言われていました。そんなとき、建築家の長谷川逸子《はせがわいつこ》さんの「子どもが元気になる住宅《じゅうたく》」のことをたまたま雑誌で知り、熊本県まで見に行ったのがきっかけです。どの部屋にいても安心感があり、「これだ」と思いました。長谷川さんと相談し、**部屋に入る光の角度や風向きを綿密《めんみつ》に計算するなどしました。徹底的《てっていてき》に五感を刺激《しげき》するためです。**

天井も、雨の音が聞こえる設計にしました。天井には、川のゆらぎが映《うつ》るようにして、潮《しお》の満ち引きも感じられるようにしました。光の角度うんぬんが技術的に難《むずか》しく、建設業者が「そんなことはできない」と拒否《きょひ》して、何度も代わった、ということもありました。

海の病棟は、4人部屋ですが、座るとちょうど本棚《ほんだな》の陰《かげ》になり、お互いを見られないようになっています。プライバシーを保ちつつ、寂《さび》しくない。そんな安心できる空間にしています。

Q 外来ではなく入院で診るメリットは何ですか？

A うつ病の原因が、夫婦関係にあるような場合、自宅療養《りょうよう》はかえって逆効果になるケースが多いです。また、働き盛《ざか》りの男性が、近所の目を気にして昼間に自宅《じたく》にいづらいことも多く、治療《ちりょう》効果が上がらないことになります。

一方、海の病棟への入院では、**同じようにうつ病に悩《なや》んでいる人に出会って、良くなっていくケースを見ることで、自分も回復するというイメージができて、治療効果が上がる場合が多い**のです。

看護師《かんごし》をはじめとして、24時間だれかが必ずいることも、心身の安定に役立ちます。外来だと1~2年かかっても治らなかった人が、入院すると3カ月で治ることも少なくないのです。

Q

うつ病患者の攻撃性《こうげきせい》に注目されていますね。

A

2000年代に入り、**「現代型」と言われる、他人を責めるタイプのうつ病が注目されていますが、いわゆる自分を責める「メランコリー型」と言われるタイプにも、攻撃性が隠《かく》れていることがわかりました**。外来では、家に帰って配偶者《はいぐうしゃ》らに当たっているので、隠れてわからなかった。入院で24時間一緒《いっしょ》にいることで、明らかになりました。

看護師への攻撃となって露呈《ろてい》しました。外でいい顔をしようとして自分を抑《おさ》えている力が爆発《ばくはつ》するのです。

攻撃を受けた看護師は何人かやめていきました。このときはつらかったですね。カンファレンス（会議）を何度も開き、どうしたらいいかとことん話し合いました。

Q うつ病患者はどのように変化してきましたか？

A

最初は、どーんと沈《しず》んだ形の典型的なうつ病が多かったのですが、徐々《じょじょ》に軽症化、多様化してきました。発達障害《しょうがい》と合併《がっぺい》する人もいます。

職種的には、病棟《びょうとう》を開設してから最初の数年は、公務員や教師ら「きまじめタイプ」、バブル末期の90年代初めは、接待漬《づ》けの商社員、企業《きぎょう》のIT化が進むと働き過ぎのIT系《けい》社員、最近は超高齢《ちょうこうれい》社会の影響《えいきょう》で看護師《かんごし》や介護《かいご》職員が多くなりました。

うつ病は、時代や社会を映《うつ》す鏡とも言えます。

Q 良くなっていった事例を教えてください。

A

海に身を投げようとした男性がいました。ところが太陽が昇《のぼ》るのを見て、圧倒《あっとう》された。また、鳥や魚が生きているのを見て、「目的がなく生きてもいいんだ」と思えるようになったそうです。

死のうと思ったある女性は、天窓《てんまど》から見える星にいやされました。「自分は大きな宇宙の中で生かされている」と感じるようになったと言います。

抗《こう》うつ薬やカウンセリングだけではない。自然の力や五感を刺激《しげき》する力で、人は変われる。そう実感しました。

Q 「海の病棟《びょうとう》」では、どんなことに力を入れていますか？

A

薬物だけに頼《たよ》ることはしないようにしています。「カウンセリングナース」の養成もしています。**根本には親子関係があることが少なくない。親に十分に甘《あま》えられなかったことが、未消化のままたまっていて、それが怒《いか》りとなって表に出る。それを受け止めるのです。**

また、瞑想《めいそう》の一種「マインドフルネス」やヨガ、アロマテラピーなども取り入れています。復職訓練にも力を入れています。

Q うつ病専門病棟《びょうとう》の研究会会長も務めていますが、どんなことをしているのですか？

A

うつ病専門病棟は、まだまだ数が少ないので、増やしていきたいですね。今、加盟病院は19に増えました。毎年研究会を開いて質のアップに努めています。これからの時代に対応するような治療《ちりょう》態勢を提供《ていきょう》できるようにしていきたいと思います。

新聞掲載：2022年12月17日

いのちを支える6

風化させないよう警《けい》鐘《しょう》を鳴らし続ける

弁《べん》護《ご》士《し》
紀《き》藤《とう》正《まさ》樹《き》

霊《れい》感《かん》商法からの救《きゅう》済《さい》に奔《ほん》走《そう》

片手《かたて》に天秤《てんびん》、片手に剣《けん》を携えたギリシャ神話の女神テミスは、「正義」の象徴《しょうちょう》として法曹《ほうそう》関係者に親しまれている。自ら営む東京・麹町《こうじまち》の法律事務所にも高さ数十センチの像がある。最年少の依頼者《いらいしゃ》からのプレゼントだ。

「出会ったときは小学4年生の男の子で、『牧師が暴力を振《ふ》るうので裁判《さいばん》をしたい』と言ってきた。その後、母親と入信したカルト集団から一人離《はな》れ、社会人になった初月給で贈《おく》ってくれました。このあいだ結婚《けっこん》し、子どもも生まれた」と目を細める。

30年以上前から消費者問題、中でも霊感商法の被害者《ひがいしゃ》救済に奔走《ほんそう》してきた第一人者だ。

安倍晋三《あべしんぞう》元首相が銃撃《じゅうげき》された2022年7月、その犯行動機が世界平和統一家庭連合(旧統一教会)への恨《うら》みと報じられると、取材が殺到《さっとう》した。早くから「マインドコントロール」の危険性《きけんせい》を指摘《してき》して脱会活動にかかわり、「全国霊感商法対策《ぜんこくれいかんしょうほうたいさく》弁護士連絡会《べんごしれんらくかい》」の仲間たちと判例を積み重ねてきた。それらを武器に、カルトの問題にメスを入れようとしている。

かつてカルト集団から離れた2世信者から贈られたテミス像（右）。「今も時々やってくる。父親みたいに思ってくれてるのかも」＝東京都千代田区

山口県宇部《うべ》市出身。管理教育の息苦しさに、中卒で働くつもりだったが、最難関《さいなんかん》の地元県立高に合格する。

入学後、学帽《がくぼう》着用の校則に従《したが》わず、教師に頭を殴《なぐ》られ、「教育委員会に訴《うった》えますよ」と抗議《こうぎ》した。**世の中に存在《そんざい》するルールとは一体、何なのか。**2年生の夏、「法律《ほうりつ》を知ろう」と進路を決めた。

■教団に対する初めての裁判《さいばん》

弁護士登録した1990年、大学時代に家庭教師の教え子だった女性が旧統一教会に入信。脱会《だっかい》を支援《しえん》する過程で、信者らと接点が増える。1991年、伝道の違法性《いほうせい》を問う裁判《さいばん》を東京地裁《ちさい》に起こしたのが、自身にとって教団に対する最初のアクションだ。

翌年《よくねん》、日本の芸能人を含《ふく》む約3万組の合同結婚式《けっこんしき》が韓国で開催《かいさい》されて、社会

プロフィール

1960年 山口県生まれ。県立宇部《うべ》高校から大阪大学法学部に進む。同大学院に在籍《ざいせき》中の1987年、司法試験に合格。1990年、29歳《さい》で弁護士登録。消費者問題、とりわけ霊感商法に取り組む。

2001年 都内にリンク総合法律事務所を開設。

2007年 霊的《れいてき》治療《ちりょう》をうたうサロンを展開する「神世界」の悪徳商法が発覚。被害対策弁護団長として会見＝写真（本人は左）。

霊感商法に使われた品々を並べて記者会見する、神世界被害対策弁護団の紀藤正樹弁護士ら＝東京都内

2010年 1月、「X《エックス》 JAPAN《ジャパン》」ToshI《トシ》さんが、自己啓発《けいはつ》セミナーなどを手がける「ホームオブハート」との決別を発表。4月、ToshIさん、長年支援してきた元参加者と共同記者会見を行う。

2017年 12年出版の『マインド・コントロール』（アスコム）の改訂版を出版。

2022年 8月、消費者庁の霊感商法対策検討会の委員になる。12月中旬、新たに書き下ろした『カルト宗教』（アスコム）を出版。

問題化。防弾《ぼうだん》チョッキを入手し、矢面に立つ。
以後、オウム真理教などの元信者らの相談にも乗り、米国のカルト教団で性的虐待《ぎゃくたい》を受けた女性たちの報告を翻訳《ほんやく》し、出版した。「他国のように総合的なカルト対策《たいさく》の検討《けんとう》を」と政治家や官僚《かんりょう》に陳情《ちんじょう》を繰《く》り返し、昨秋には、旧統一教会の友好団体にビデオメッセージを寄せた安倍《あべ》氏宛《あ》てに、公開抗議文《こうぎぶん》を提出した。当時、マスコミはほとんど報じず、10カ月後に悲《ひ》劇《げき》は起きた。

やってもやっても本質まで迫《せま》れず、30年余。ボクシングで連打を浴び続ける「パンチドランカー」の感覚に陥《おちい》り、元首相へ水面下でも警告《けいこく》する努力を怠《おこた》ったのでは――。力不足を悔《く》やみながら、今日も起き上がる。「今は序の口。宗《しゅう》教《きょう》2世の問題など、救済《きゅうさい》新法で整備すべき点はまだたくさんある」。

日本は立ち遅れていると指摘《してき》するカルト対策。「2010年以降、海外でマインドコントロールは、『イスラム国（IS）』やテロと同じ地平で議論されている」＝東京都千代田区

紀《き》藤《とう》正《まさ》樹《き》さんに聞いてみよう

Q

弁護士200人以上が参加する「全国統一教会被害《ひがい》対策弁護団」の結成記者会見など、新聞やテレビで見かけない日はほとんどありません。

A

通常の仕事は滞《とどこお》り、かなり疲《つか》れていますが、今が踏《ふ》ん張りどころ。病気になると様々な日程に支障《ししょう》が出るので、健康面は気遣《きづか》っています。栄養ドリンクを飲まないのは、その場で頑張《がんば》れても後がきついから。体力の維持《いじ》は寝《ね》るのが一番。ここ数年は、風邪《かぜ》の初期症状《しょうじょう》すら感じたことはありません。

カルト問題は、オウム真理教事件が明らかになった1995年以降《いこう》、たくさん報道されたのですが、10年も経つと風化し、全体像が見えなくなり

ました。総花《そうばな》的にわかりやすく解説しなければと、2012年に書いた本が『マインド・コントロール』（アスコム）です。

2017年に一部を改訂《かいてい》した「決定版」が今も流通していて、脱会《だっかい》カウンセリングの現場では推奨《すいしょう》本と位置づけられています。2021年末に完売して電子書籍化を提案された際、「本で残して」と出版社にお願いしました。

マインドコントロール状態の人の説得には、専門的な技術と経験が必要です。しかし国内には少なくほぼボランティアで動いていること、フランスでは「無知・脆弱性《ぜいじゃく》不法利用罪」によりカルトのマインドコントロールを法的に規制していることなどを記しました。宗教界に提言もしています。

最近のニュースは、カルト問題の全容を理解して報じていると思います。メディア関係者も読んでくれているんだと、励《はげ》まされます。

Q 少年時代から社会のルールに反発していたのですか？

A

〝丸《まる》刈《が》り校則〟だった中学3年生のころ、髪《かみ》が少し伸《の》びたときに、先生に「家の事情で散髪《さんぱつ》に行けない」と伝えたところ、いきなり頭を殴《なぐ》られました。このときに反論《はんろん》できなかったのが、ずっと悔《くや》しくて。高校で同じ目に遭《あ》って、「法律《ほうりつ》を武器に自分を守ろう」と思いました。

最初は、利己的《りこてき》な考えで弁護士を目指したんです。2年生の夏から、授業だけでは間に合わないと、毎日は登校せず、図書館にこもって猛勉強《もうべんきょう》。第1志望の国立大学法学部に合格し、3年生から司法試験に挑戦《ちょうせん》しました。

大学院で最初に指導された憲法《けんぽう》学者からは、「**国の限界や例外を考える学問は、国家権力《けんりょく》の構図が変わると弾圧《だんあつ》され、投獄《とうごく》される可能性もある。論文《ろんぶん》は命がけで書きなさい**」と教わりました。だから今も文章を書くときは「後世に残るものを」と思っています。

私は理不尽《りふじん》さや不正義に対してはっきり意見を言うよう心がけています が、世の中には黙《だま》る人もいます。声を上げる人に敬意《けいい》を表します。沈黙《ちんもく》す る人たちの権利《けんり》をも底上げするからです。近年、世界平和統一家庭連合（旧統一教会）の2世信者が盛《さか》んに発信していますが、勇気ある告発を応援《おうえん》します。おかげでメディアが取り上げ、声を上げられない人の被害《ひがい》も含《ふく》めて、事態の深刻《しんこく》さに多くの人が気づくことになりました。

Q 「救済新法《きゅうさいしんぽう》」に望むことは？

A 米国の学会で見つけた被害女性たちの証言を翻訳《ほんやく》した共著『カルト宗教《しゅうきょう》』（アスコム）を出したのが2007年。そこで紹介したカルト内での児童虐待《ぎゃくたい》や性的虐待の実態は今の日本にも通じます。

2世信者は**子ども時代に個性を抑圧された結果、成人後に教団を離れても自分の特性がわからず、社会に溶《と》け込《こ》めないで心を病むケースもあります**。未成年が教団から逃《に》げ出す場合、警察《けいさつ》に理解がないと親との関係性で引き戻《もど》される可能性が高い。行方不明になるしかないんです。あまりにもかわいそうで、養子を考えたことさえありました。

悪質な寄付勧誘行為《かんゆうこうい》などを規制する新法では、高額献金《こうがくけんきん》や養子縁組《えんぐみ》あっせんの問題にとどまらず、親権《しんけん》と子どもの権利の枠組《わくぐ》みをどうするかといった家族法制にも踏《ふ》み込《こ》んでほしいです。でないと、問題が解決しません。

Q

消費者問題から悪徳商法、さらにカルトの被害者《ひがいしゃ》と向き合って30年余。今後、求められることは？

A

日本でいまだカルト被害が広がり続ける背景には、オウム真理教事件を

しっかり総括《そうかつ》してこなかったことがあると思います。2世信者の問題だって、もっと掘り下げられただろうと。

私は自分の政治信条を抜《ぬ》きに、被害者救済《きゅうさい》に取り組んでいます。我々の公開抗議文《こうぎぶん》に反応がなかったときには正直驚《おどろ》きましたが、それでも感情に流されないで動く。今この瞬間《しゅんかん》も、被害者がどんどん増え続けているからです。与野党《よやとう》を問わず様々な政治家とやりとりし、官僚《かんりょう》にも協力を仰《あお》ぎながらやっています。

どんなことも「風化」していく。いつまでも悲惨《ひさん》な過去にとらわれるのは人間の営みとして良くない、もう忘れようよ、と。**それでも私は風化させないよう警鐘《けいしょう》を鳴らし続けます**。なかなかうまくいかないですが。

新聞掲載：2022年12月3日

カルト教団による事件には他にどんなものがあるの？

日本では、1995年にオウム真理教による地下鉄サリン事件が発生。オウム真理教の信者が日比谷線などの地下鉄内に神経ガスのサリンを散布し、5800人以上を無差別に殺傷《さっしょう》した類をみない同時多発テロ事件だ。世界に目を向けると、1978年南米・ガイアナで起こった集団自殺・殺人事件がある。教祖は元牧師のジム・ジョーンズ、「人民寺院」というカルト教団を作った人物だ。アメリカの政治家への襲撃《しゅうげき》事件が発端《ほったん》となり、918人が死亡《しぼう》した痛《いた》ましい事件を起こした。他にもカルト教団が関与《かんよ》した類似の事件は多々あり、このことからもカルト教団はとても危険《きけん》な集団だと認識《にんしき》しておく必要がある。

いのちを
支える
7

頑《がん》張《ば》った、生きる糧《かて》が
できたと思えるように

チャイルド・ライフ・スペシャリスト
大《おお》橋《はし》恵《めぐみ》

病と闘《たたか》う子どもに寄り添《そ》う

あなたがもし、幼《おさな》い子どもだったら。不運にも病気になってしまい、入院することになったら。病院の風景は、こう見えるかもしれない。

――連れてこられたのは、大きな建物。知らない大人たちが、僕を取り囲む。ここは、どこ？　お母さん、どこに行くの？　一緒《いっしょ》にいてよ。怖いよ。痛《いた》い！押《お》さえつけないで。助けて！――。

明るい日が注ぐ、朝の千葉県こども病院。8歳《さい》の男の子が母親にしがみついたままうつむいていた。大事な検査が控《ひか》えているが、前の病院で受けた同じ検査は、痛くてとても苦しかった。恐怖《きょうふ》で、涙《なみだ》と震《ふる》えが止まらない。ソファで抱《だ》き合う母子にそっと近づくと、穏《おだ》やかな声で話しかける。「なるべく安心して検査できるようにするからね。お手伝いするから、大丈《だいじょう》夫《ぶ》」。タブレット端末《たんまつ》を手渡《てわた》し「ゲームやりながらで、いいからね」。男の子はようやく顔を上げると、小さくうなずいた。

検査時、男の子は泣き叫《さけ》んでいた。X《エックス》線《せん》撮影《さつえい》があるのでそばにいられない母親の代わりに寄り添《そ》い、防護衣《ぼうごい》

子どもの遊びや検査説明に使う「キワニスドール」たちと一緒に、千葉県こども病院の中庭前に立つ。右手に持っているのは、痛みから子どもの気をそらすための光るおもちゃだ＝千葉市緑区

姿《すがた》で背中《せなか》をさすする。やがて男の子は落ち着きを取り戻し、データも無事に取ることができた。

検査を担当《たんとう》した松野大輔《まつのだいすけ》医師は「彼女がいると子どもの様子が全く違《ちが》う。いないと困ります」と話す。

■子ども中心の医療《いりょう》を目指して

病と闘《たたか》う子どもを支える「チャイルド・ライフ・スペシャリスト（CLS）」は、北米発祥《はっしょう》の心理専門職《せんもんしょく》だ。

医療チームの一員として、治療に伴《ともな》う子どもの苦痛や不安を軽減する。人形や絵本を使ってわかりやすく治療の説明をする「プリパレーション」や、おもちゃの医療器具を使って子どもの感情を表現させる「治癒的《ちゆてき》遊び」など、活動は多岐にわたる。

日本にまだ数人しかCLSがいなかった18年前に留

ここが気になる！

CLS（チャイルド・ライフ・スペシャリスト）が誕生《たんじょう》した理由は？

医学は進歩しても、子どもの頃《ころ》に受ける医療体験はやはり負担《ふたん》になりがちだ。身体的、精神的な痛み、さらにはトラウマを抱《かか》えることにも。このような状況《じょうきょう》を改《かい》善《ぜん》すべく誕生したのがCLSだ。その子どもに適した“遊び”、プリパレーション（こころの準備）を治療プログラムに取り入れることで安心感を与《あた》え、子どもや家族が主体的に治療に臨《のぞ》めるメリットがある。

学し資格を取得、仲間と職能団体「CLS協会」を立ち上げた。

原点は二分脊《せき》椎《つい》で生まれ、治療を繰り返した米国での幼少期だ。**やりたいことをできる限りやらせてくれる病院は、楽しかった。「病気でも、その子らし**

プロフィール

1976年 東京都東村山《ひがしむらやま》市出身。先天性の疾患「二分脊椎」で、生まれてすぐに手術を受けた。

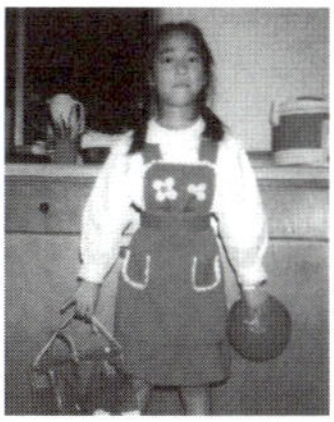

手術後の大橋さん（小3）

★小1から小5まで米テキサス州ヒューストンで育つ。写真はその頃のもので、尿道カテーテルの採尿《さいにょう》バッグを持っている。在米中に、膀胱尿管《ぼうこうにょうかん》逆流症《ぎゃくりゅうしょう》を防止する手術を受ける。

1999年 日本赤十字看護《かんご》大学を卒業。同年、国立小児病院（現国立成育医療研究センター）に看護師として就職。

2004年 米国へ留学。ミルズ大学やオークランドこども病院、シンシナティこども病院で学び、CLSの資格を取る。

2007年 国立成育医療研究センターにCLSとして就職《しゅうしょく》。

2011年 CLS協会を設立し、会長に。再々選で現在も会長を務める。著書に『医療を受ける子どもへの上手なかかわり方』（相吉恵名義、共著／日本看護協会出版会）。

2015年 自身の引っ越しに伴《ともな》い、千葉県こども病院に就職。

くいることはできる」。

昨今、日本でも患者《かんじゃ》への「インフォームド・コンセント（十分な説明と同意）」の概念《がいねん》は定着した。だが国内のＣＬＳは約50人。子どもにきちんとした説明を行う医療《いりょう》現場は、まだ少ない。

動きを抑制《よくせい》するために、泣く子を親から離《はな》してタオルで抑制し無理やり注射《ちゅうしゃ》したり、馬乗りになって押《お》さえつけたり。そんな現場もいまだにある。

治療は怖《こわ》いし、つらい。でも、「**『頑《がん》張《ば》って乗り越《こ》えた自分には素敵《すてき》な**

検査前だけでなく、終わった後にも声をかけ、親子とコミュニケーションを取る。「がんばったね」と話しかけると、女の子がほほ笑んだ＝千葉市緑区の千葉県こども病院

ところがあるんだ』。そう思ってもらえるように、子どもと一緒《いっしょ》に歩みたいんです」。

大橋《おおはし》恵《めぐみ》さんに聞いてみよう

Q

「チャイルド・ライフ・スペシャリスト（CLS）」とは、どんな職業なのでしょうか？

A

子どもの医療体験における不安を軽減する仕事です。子どもが主体的に治療に取り組めるようにお手伝いする、というのが主眼《しゅがん》です。**「病院は怖いところ」という記憶ではなく、「頑張った、生きる糧《かて》ができたところ」と思えるように**。患者本人だけでなく、保護者やきょうだい児のサポートもします。

子どもが病気とわかったとき、家族の精神的ストレスは相当に大きいです。痛《いた》みや恐怖《きょうふ》体験《たいけん》など、病院でのトラウマ的体験は、本人だけでなく家族にも残ります。トラウマを減らすのが、ＣＬＳの役割《やくわり》です。

Q 人形やおもちゃなど様々な物を使いますね。

A

人形やＭＲＩ（磁《じ》気《き》共鳴《きょうめい》断層《だんそう》撮影《さつえい》）の機械を模《も》した木製おもちゃ、手描《てが》きの絵本などを使い、その子に合わせてできる限りわかりやすく、医療行《いりょうこう》為《い》について説明します。

本物そっくりの医療玩具《いりょうがんぐ》を使って、自分が受けたのと同じ治療《ちりょう》を人形に施《ほどこ》すことで、気持ちの整理をする子もいます。手術で全身麻酔《ますい》が効くまでそばにいたり、局所麻酔のときは術中一緒にテレビを見たり。治療のやり方について、子どもと一緒に「作戦会議」をすることもあります。

Q なぜCLSに？

A

先天性の二分脊椎《にぶんせきつい》で、小さい頃《ころ》から病院通いをしていました。入院していた米国の病院は楽しくて、とても良い記憶《きおく》が残っています。

米国の小児病院は、治療ではなく生活するところです。食事のメニューも選べるし遊具もたくさんあって、アミューズメントパークみたいなんです。

長じて、3週間アラスカを旅した経験も大きいです。

今もですが、私は導尿《どうにょう》や洗腸《せんちょう》の処置《しょち》が必要で、人よりトイレに時間がかかります。ツアーで一緒の米国人たちにそのことを説明したら「あ、そうなの」という感じで誰《だれ》も気にしなかったのです。二つの経験から、日本とは違《ちが》う、患者《かんじゃ》への接し方を学びたいと思っていました。

看護師《かんごし》時代、心を閉《と》ざし、頭まで布団をかぶりきりだった子に出会いました。ふとした会話で歌が好きと知り、みんなで合唱隊を作ってゴスペルを病棟《びょうとう》内で発表したこともあります。**楽しそうな姿《すがた》に、たとえ院内でも、何かに打ち込《こ》む時間の大切さを知りました。**CLSになったらもっと子どもの精神面を支援《しえん》できるのではと思い、志しました。

Q どうしたらCLSになれるのでしょうか？

A

CLSのカリキュラムを持つ大学・大学院で、定められた科目を履修《りしゅう》し、病院でも臨床《りんしょう》を実習し、試験を受けます。子どもの発達や入院中の心理などについて学びます。

米国の病院では、思春期病棟などで実習をしました。

病状が改善《かいぜん》せず、怒《いか》りをあらわにする子を担当《たんとう》したときのことです。スーパーバイザーに「私は何をしてあげられるんだろう」と言ったら、**「あなたは『私』を主語にしているね」と言われ、ハッとしました。自分が何をするかではなく、その子の立場に立って考えなければ、と。米国ではいろいろな気づきを得ました。**

Q

日本の課題は？

A

日本では「痛《いた》みは我慢《がまん》するもの」という考えが根強いですが、米国では、薬などで痛みをなるべく減らそうとします。患者側《かんじゃがわ》も、子どもは自分の意見をしっかりと伝えるし、親も治療方針《ちりょうほうしん》について、スタッフと一緒《いっしょ》に会議に参加します。

日本の医療現場の事情もありますが、もう少し患者や家族の立場に立つことは、必要だと考えます。

Q

CLSとして、印象に残っていることは？

A

入院中、病気について「子どもに言わないで」と希望していた親御《おやご》さんがいました。その子は精神的に不安定で、夜中に院内を歩き回るなどしていたのですが、子ども向けにわかりやすい資料を作り、許可を得てきちんと説明したら、安定して落ち着いてくれました。退院時《たいいんじ》にお礼を言われて、うれしかったですね。

Q

とても意義のある職業なのに、日本では人数も少なく、採用している病院も限られていますがどう思いますか？

A

本来CLSは、患者《かんじゃ》15人に1人必要と言われていますので、全然足りていないです。**CLSについて学べる教育機関が日本になく、資格を取得するには北米に行かなければなりません。**

また、保険診療《しんりょう》の対象ではないということも大きいです。CLS協会会長として、学会や国に重要性を訴《うった》えたいです。国家資格にすることの必要性も、感じています。

Q

病気と闘う子どもと向き合い、担当する子が亡くなることもあると思います。ご自身の心はどうやって保っているのですか。

A

亡くなられたお子さんやそのきょうだい、両親に関わっていた多職種と思いを共有し、支えあうことができることが大きいと思います。家に帰ると子どもたちの世話に追われる日々という日常も、支えになっています。

 新聞掲載：2022年2月6日

Column もっとくわしく知りたい！

リアルな現場の最前線

子どもと接する専《せん》門《もん》職《しょく》は他にもあるの？

子どもと接する仕事の中でも、「スクールカウンセラー」は臨床心理士《りんしょうしんりし》や公認心理師《こうにんしんりし》の資格保持者が多い専門職。子どもたちが抱《かか》える問題を解決するためのアドバイスを直接行うことができる。また2024年に誕生《たんじょう》したばかりの資格として「こども家庭ソーシャルワーカー」が創設《そうせつ》された。子どもの権利《けんり》を尊重《そんちょう》し、子育て世帯の社会問題である「家庭内暴力」「病気や障害《しょうがい》」などの対処《たいしょ》に当たるのがおもな仕事だ。このほかの専門職として、病気の子どもたちに授業を教える院内学級の先生、芸術の持つ力を用いて心理療法《しんりりょうほう》を行うミュージックセラピストやアートセラピストなどもある。

いのちを
支える
8

現場で公助が見えない。自助も共助も限《げん》界《かい》だ

一《いっ》般《ぱん》社《しゃ》団《だん》法《ほう》人《じん》「つくろい東京ファンド」代表理事
稲《いな》葉《ば》剛《つよし》

社会のほころび繕《つくろ》う貧《ひん》困《こん》支《し》援《えん》

バブル崩壊後《ほうかいご》の27年間、生活困窮者《こんきゅうしゃ》支援の現場に立ち続け、コロナ禍《か》の今も最前線にいる。

ネットカフェの休業などで、行き場を失った人たちからのSOSが次々届《とど》き、サポートに追われる。路上生活者を訪《たず》ね歩く夜回りも続けている。「もう1年4カ月、野戦病院のような状態が続いています」。

最近の炊《た》き出しの列に並《なら》ぶ人の多さも気になる。若者、女性、外国人――。これほど多様な人々が困窮している状況《じょうきょう》は見たことがない。「社会の底が抜《ぬ》けてしまっている」。

■「段《だん》ボール村」で見た貧困

活動の原点は、1990年代半ばの東京・新宿《しんじゅく》。路上生活者の「段ボール村」で見た貧困だ。「路上で人が亡くなるような社会は間違《まちが》っている」。24歳《さい》でホームレスの支援活動に飛び込んだ。

住まいと貧困の問題にこだわり続け、「住まいは基本的人権《じんけん》」という理念の下、安定した住まいの確保を最優先《さいゆうせん》にする「ハウジングファースト」という考え方にたどり着く。

東京・新宿駅西口の地下道。ここで多くの路上生活者の死に出会ったことが活動の原点だ。そして、「つくろい」設立のきっかけは東京五輪の開催決定。過去、五輪の開催都市では路上生活者が排除《はいじょ》されてきたが、それを許さない決意だった

2014年に設立した「つくろい東京ファンド」（東京都中野区）では、空き家・空き室を活用し、住まいを失った人たちを受け入れる個室シェルターを運営。2021年3月以降《いこう》は緊急《きんきゅう》避難《ひなん》的《てき》にシェルターを59室にまで増やした。ペット同伴《どうはん》が可能な個室も四つある。

どの部屋もすぐに埋《う》まっていく。これまで140人以上がシェルターを経て自分名義の住まいに入ることができた。シェルターの掃除《そうじ》や寝具《しんぐ》交換《こうかん》は自らかいがいしくこなす。こういう雑務も苦にならない人だ。

行政が用意する宿泊《しゅくはく》施設《しせつ》は、環境《かんきょう》が劣悪《れつあく》な相部屋だったり、制約が付き利用しづらかったりして、路上に

ここが気になる！

シェルターって何？

「シェルター」とは、さまざまなトラブルに巻《ま》き込《こ》まれている被害《ひがい》者が一時的に避難《ひなん》できる施設のこと。保護だけでなく、相談対応や被害者の自立サポートなど、多様な援助《えんじょ》を行っている。行政が運営する公的シェルターもあるが、民間団体により運営されていることも多く、DV（家庭内暴力）から逃《に》げたい女性のための「DVシェルター」もある。

戻《もど》る人も多い。「**私たち民間の支援《しえん》団体《だんたい》が奔走《ほんそう》しなければならないのは、行政の支援のほころびからこぼれ落ちる人が大勢いるから。**『つくろい』とは、このほころびを繕《つくろ》うことなんです」

プロフィール

1969年 広島市生まれ。被爆《ひばく》2世で3人きょうだいの末っ子。小学生のころは体が弱かった。中・高校は鹿児島市のラ・サール学園で寮《りょう》生活。

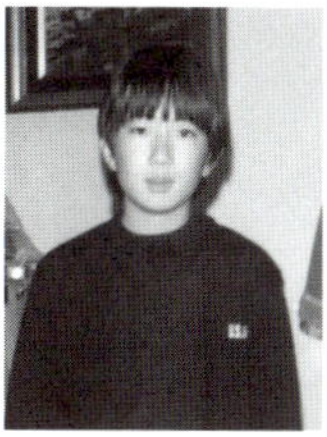

小学生のころ

★東京大学教養学部在学中、平和運動、外国人労働者支援活動に参加。1994年、東京・新宿を拠点《きょてん》に路上生活者支援に取り組む。

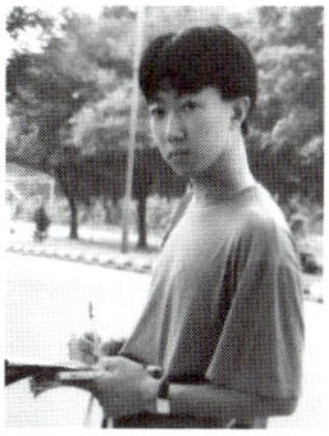

東京大学教養学部在学中、平和運動、外国人労働者支援活動に参加

2001年 湯浅誠《ゆあさまこと》さんと「自立生活サポートセンター・もやい」設立。幅《はば》広い生《せい》活困窮者《かつこんきゅうしゃ》支援《しえん》を行う。

2009年 「住まいの貧困に取り組むネットワーク」設立。のちにパートナーとなる小林美穂子《こばやしみほこ》さんと知り合う。2014年、「一般社団法人つくろい東京ファンド」を設立。

★「認定NPO法人ビッグイシュー基金」共同代表、立教大学大学院客員教授。家族は小林さんと、梅、サヴァの猫《ねこ》2匹《ひき》。著書多数。近著は2021年に刊行した『貧困パンデミック―寝ている「公助」を叩《たた》き起こす』(明石書店)。

支援《しえん》制度のほころびを見つけるや厚生労働省、都庁《とちょう》、区役所へと足を運び、改善《かいぜん》を働きかけてきた。特に生活保護は使いづらいとして、長年見直しを訴《うった》える。その声が動かしたものは多い。

穏《おだ》やかで淡々《たんたん》。誰《だれ》に対しても態度を変えず、言葉遣《づか》いは丁寧《ていねい》だ。活動を共にする妻の小林《こばやし》美穂子《みほこ》さんは**「心の中で静かに青い炎《ほのお》がずーっと燃えている人」**という。**「激しく燃える赤い炎よりも温度が高い」**。

ホームレス経験者の社会的孤立《こりつ》を防ぐための居場所として運営する「カフェ潮の路《みち》」で。パートナーで「つくろい東京ファンド」のスタッフ小林美穂子さん（右）がおかみ＝東京都練馬区

見据えるのは、「アフターコロナ」の社会だ。**コロナ禍《か》での苦しみを忘《わす》れようという空気が社会全体を覆《おお》い、そのときは生活困窮者《こんきゅうしゃ》に対する目はさらに厳《きび》しくなるのではないか。**「現実の問題から目をそらさない。自分自身に向けてもそう言っています」。

稲《いな》葉《ば》剛《つよし》さんに聞いてみよう

Q 広島の出身。子どもの頃から社会問題に関心があったのですか?

A 平和や戦争の問題には敏《びん》感《かん》に育ちましたね。両親は幼《おさな》いときに離《り》婚《こん》し、母子家庭でした。母は10歳《さい》のとき入市被《ひ》爆《ばく》しました。8月6日が近づくと原爆《げんばく》で亡くなった人たちの話をちらほらしてくれました。父も「原爆孤《こ》児《じ》」でした。平和問題に関心があった8歳《さい》年上の姉の影響《えいきょう》も受けましたね。

Q 東大在学中に関わった様々な社会運動について教えてください。

A

1991年に湾《わん》岸《がん》戦《せん》争《そう》が始まり、平和運動のデモに参加。湯《ゆ》浅誠《あさまこと》君（7ページ）と出会いました。東京大学の川《かわ》崎《さき》哲《あきら》君（現ICAN国際運営委員）や早稲田《わせだ》大学出身の見《み》津《つ》毅《たけし》君たちと一緒に、代々木公園にいる外国人労働者の支《し》援《えん》運動を始めて。1994年春、

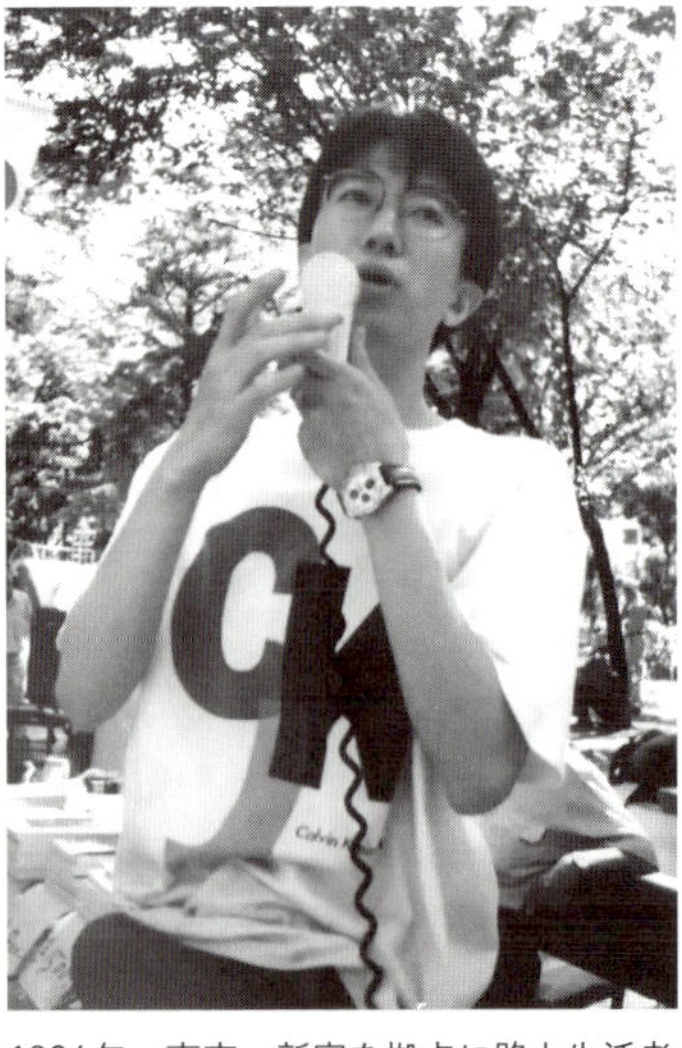

1994年、東京・新宿を拠点に路上生活者支援に取り組む

初めて新宿《しんじゅく》の「段《だん》ボール村」へ足を踏《ふ》み入れました。

Q **新宿での支援が今の活動の原点ですか?**

A ええ。当時新宿にはホームレスの方が200~300人いて、年間40~50人も凍死《とうし》や餓死《がし》で路上で亡くなっていました。豊かとされる日本の首都の中心でこんな貧困《ひんこん》があるとは。衝撃的《しょうげきてき》でした。**路上で人の命が失われていく社会を変えたいという思いが原点です。**

1995年3月、支援活動のカリスマ的リーダーだった見津君がバイク事故で亡くなりました。内気な私はいつも彼の後にくっついていたのですが、「今後は稲葉《いなば》君中心で」とお鉢《はち》が回ってきました。

Q

1996年1月、段《だん》ボール村が強制撤去《てっきょ》されましたよね。

A

当時都は、路上生活者は「不法占拠《せんきょ》者」、段ボールハウスは「路上廃材《はいざい》」と。都が軟化《なんか》して「排除《はいじょ》ではなく野宿《のじゅく》から抜《ぬ》け出すための対策を」と官民の話し合いが始まった矢先、段ボール村で火災が起き、4人が亡くなりました。

排除《はいじょ》反対ばかりに注力して、安全な家を選択肢《せんたくし》として提示できなかったことに自分たちの活動の限界と責任を感じました。取り返しはつかないが、背負《せお》っていくしかない、と。

Q

それ以降《いこう》、活動の内容が変わっていったのですか?

A

それからは、路上から脱出《だっしゅつ》し、住まいを得るのを後押《あとお》しする活動になりました。

2001年、湯浅君と「自立生活サポートセンター・もやい」を立ち上げ、野宿経験者がアパート入居の際に求められる連帯保証人を引き受ける事業を始めました。もやいでは、幅広《はばひろ》い貧困《ひんこん》問題に取り組みました。

2003年ごろから、ネットカフェで生活する若者たちから相談が来るようになって。非正規雇用《ひせいきこよう》が広がっていきました。

Q

住まいにこだわり続けていますよね。

A

私が行き着いたのは、**「住まいは基本的人権だ」ということです**。プライバシーの保たれた住まいを無条件で提供し、地域《ちいき》で支えていく「ハウジングファースト」を提唱しています。それと「権利としての生活保護」を

2本柱に据え、2013年に東京五輪開催《かいさい》が決定すると翌年《よくねん》、空き家などを借り上げ、「つくろい東京ファンド」を設立したのです。

これまで五輪の開催《かいさい》都市では路上生活者の排除《はいじょ》が繰り返されてきましたが、それで終わってはならないという危機《きき》意識がありました。きちんとした住まいを確保したいという思いがありました。

偶然《ぐうぜん》、安くビルのワンフロアを貸してくださる方がいました。クラウドファンディングでお金を集め、小さな個室シェルターを開設しました。「つくろい」とは、セーフティ

ーネットを修繕《しゅうぜん》するという意味です。

Q **コロナ禍《か》で、困窮者《こんきゅうしゃ》支援《しえん》に奔走《ほんそう》したと聞きました。当時の話を聞かせてください。**

A 過去には、3千人以上の生活保護の申請《しんせい》に同行しました。コロナ禍でも福祉事務所の窓口で相談に来た人を追い返したりする水際作戦が頻発《ひんぱつ》しています。**厚生労働省にオンライン申請を認めるよう申し入れた後、厚労省のホームページで「生活保護の申請は国民の権利です」というメッセージが掲げられたのはよかったです。**

ただ、一番困ったのは、所持金が数十円になっても「生活保護だけは嫌《いや》だ」という声が多いこと。「生活保護バッシング」で見られた制度への偏見《へんけん》や誤解《ごかい》は根強いです。生活保護を申請すると親族に問い合わせをする「扶《ふ》養照会《ようしょうかい》」がネックになっているのです。2月に見直しを求める署名《しょめい》をネットで集めて提出、厚労省は扶養照会《ふようしょうかい》の運用を一部見直す通知を出しました。福祉事務所職員の運用マニュアルが改訂《かいてい》され、問答無用《もんどうむよう》で親族に連絡《れんらく》することはできなくなりました。署名は累計《るいけい》で5万8千人集まったんですよ。

Q 住宅のサポートもしたのですよね。

A つくろい東京ファンドでは、2014年から空き家などを活用して一時的な住まいを提供《ていきょう》する個室シェルター事業を展開《てんかい》してきましたが、昨春来、34室増やし59室になりました。ただ、居宅支援《きょたくしえん》は本来、行政が行うべきです。この1年、民間の支援団体は力の限り頑張ってきました。でも現場で公助《こうじょ》が見えてこない。政府が存在していることすら見えないのです。ずっと、自助も共助も限界、今こそ政府、公助の出番だと叫《さけ》び続けています。

新聞掲載：2021年7月24日

いのちを支える
9

来た子を育てる。大げさなことじゃない

里親・ファミリーホーム運営
廣瀬《ひろせ》タカ子《こ》

大家族のように、成長を見守る

千葉県郊外《こうがい》の住宅街《じゅうたくがい》にある赤茶色の一軒家《いっけんや》に、夕刻《ゆうこく》、子どもたちの元気な声が響《ひび》く。「ただいまぁ！」「ねぇタカちゃん、聞いて！」。「手を洗《あら》って着替《きが》えてからね」と台所から声がかかる。ありふれた「家族」の風景。外壁《がいへき》には大きな看板《かんばん》がある。「ひろせホーム　ファミリーホーム」。

さまざまな事情で親元で暮《く》らせない子どもたちを、夫の正《まさし》さんと1988年から共に育てている。これまでに迎《むか》えた子は約75人（2024年7月現在）。児童相談所に「緊急《きんきゅう》で数日預《あず》かって」と頼《たの》まれることもあれば、10年以上暮《く》らす子もいる。

ファミリーホーム（小規模《しょうきぼ》住居型児童養育事業）は児童福祉法《じどうふくしほう》に基づき、里親経験者など養育者の家庭に、5、6人の子どもを迎《むか》え入れる制度だ。

■原点は少女時代

2005年、里親仲間らと「里親ファミリーホーム全国連絡会《れんらくかい》」を立ち上げた。家庭で多人数を育てる「ホーム」は当時、いくつかの自治体にあったが、公的支援《しえん》は小さく、内容も様々だった。より多くの子どもたちが互《たが》いに育ちあえる家庭環境《かんきょう》

夫の正さん（左）との夫婦げんかも仲直りも、子どもたちの前でありのままの姿を見せる。「家庭を知らない子も多い。うちでいろんなことを見て感じて、いつか自分なりの家族をつくってほしいんだ」＝千葉県君津市

を全国に——。各自治体の状況《じょうきょう》を実態調査し、協議会を開き、議員会館や厚生労働省へ陳情《ちんじょう》に回った。

活動は実を結び、2009年に国が定める事業になった。同省によると、ホームは2009年度の49カ所から19年度には417カ所に広がった。

原点は少女時代にある。父の再婚《さいこん》で家族のかたちが変わり、自身は叔母《おば》夫婦のもとへ預《あず》けられた。「血のつながりって何？　私には居場所がない」。自暴自棄《じぼうじき》になり自殺未遂《みすい》。**生きる意味を問う中で、いつか里親になろう、と考えるようになった。**「私なら、子どもの気持ちがわかるかもしれない」。

40歳《さい》を過ぎ、初めて迎《むか》えたのは、妊娠中《にんしんちゅう》の16歳。生

ここが気になる！

「里親」ってどんなもの？

里親とはさまざまな事情により親元で暮《く》らせない子どもを一時的に自分の家庭で養育する人のこと。法的な親子関係はない。養子縁組《えんぐみ》を目的とせず要保護児童を預かり養育する「養育里親」、虐待《ぎゃくたい》を受けたり障害《しょうがい》のある児童の専門的《せんもんてき》ケアを行う「専門里親」、特別養子縁組を組む前提の「養子縁組里親」、両親などが死《し》亡《ぼう》、行方不明などで養育できない場合の親族による「親族里親」の４種類がある。

まれた赤ちゃんが次の里子になった。気を引きたくてうそを重ねる中学生、しょっちゅう家出する高校生……。「行き場の決まりづらい子」を率先《そっせん》して引き受けた。そうした子がいかに多いかを知り、思いが膨《ふく》らむ。「もっと家庭で、

プロフィール

1947年 北海道生まれ。写真は神戸の叔母夫婦のもとで過ごした16歳のころ。

叔母（右）と廣瀬タカ子さん

★看護《かんご》助手をしていた正さんと20歳で結婚し、3人の子を出産。

1988年 三度目の申請で正さんと里親に認定される。1990年に最初の里子を迎えた。その後、千葉県里親会会長を務める。

2003年 「千葉県里親型ファミリーグループホーム」に指定。「どこへ行くにも子どもと一緒」。正さんの還暦《かんれき》祝いでは実子、里子と北海道へ旅行。

正さん（左）の還暦を祝い、北海道旅行を計画。里子（右）も一緒に旅した

2005年 「里親ファミリーホーム全国連絡会」設立。2009年、改正児童福祉法施行でファミリーホームが全国に広がる。

2013年 大腸がんのステージ3で入院。再発せず完治。

★県下のホームが集う「ファミリーホームちば」を立ち上げ、地域で支え合おうと月に一度、定例会を開く。2020年、コロナ禍《か》で「第2園」を設置。長女家族がサポートに加わる。

大家族のように育てられたら」。

里子をおぶって県庁《けんちょう》へ通い、ホーム制度の設立を求めて足かけ5年。2003年に県の指定を受けると、今度は全国へと輪を広げるのに取りかかった。「**『ただのおばちゃん』の覚悟《かくご》。真剣《しんけん》だから、大変さなんて感じなかった**」。

乳幼児《にゅうようじ》をつきっきりで世話する一方で、実の親のもとへ戻《もど》れるように心を砕《くだ》く。精神的、経済的《けいざいてき》な問題で育てられない親には「落ち着くまで大丈夫《だいじょうぶ》。待ってるからね」と言葉をかける。

「生きるって、命のリレーをつなぐこと」。走る環境を整え、声援《せいえん》を送り、成長の喜びを分かち合うことに、「誰《だれ》だって関わったらいいよね」。

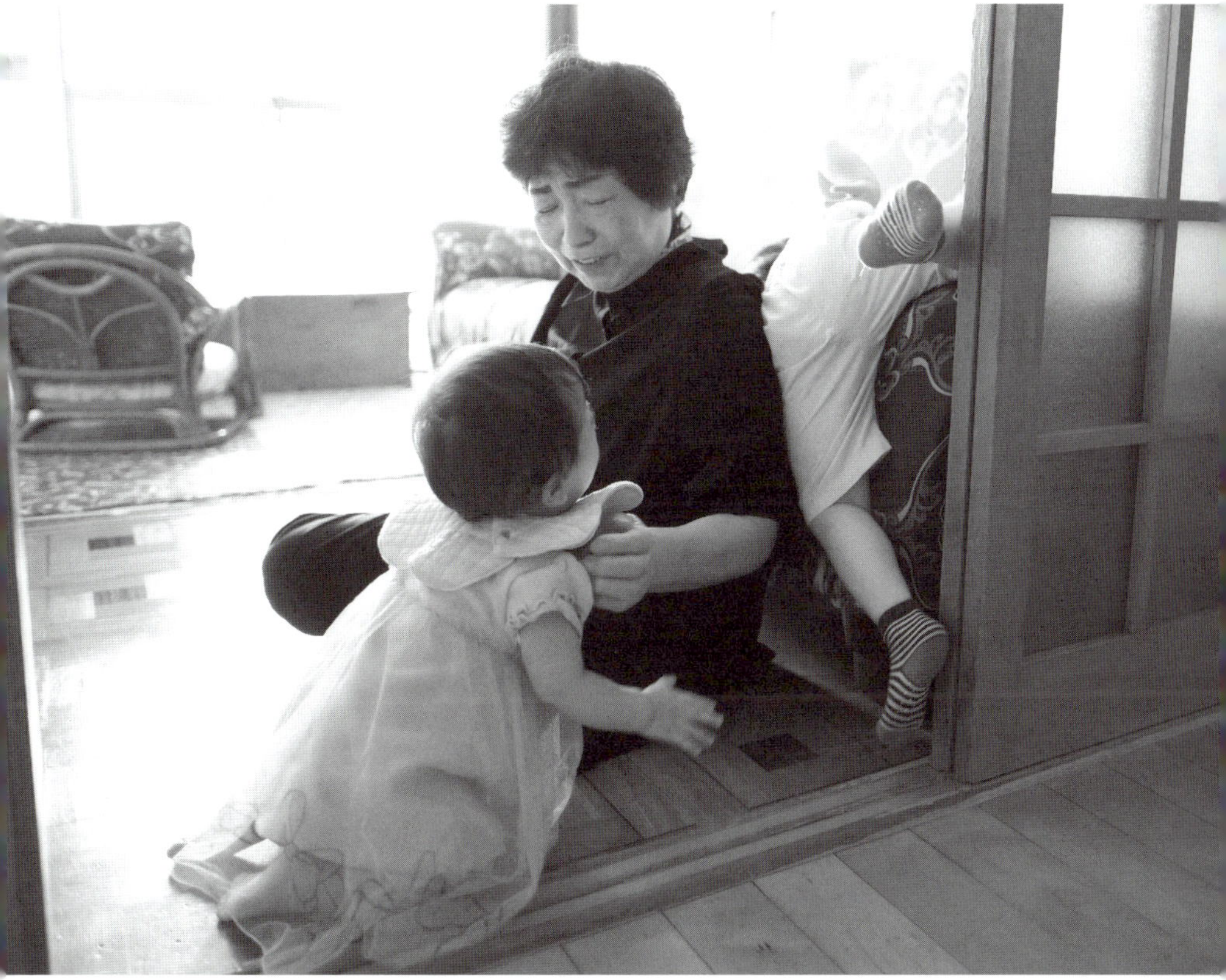

ホームで数年暮らし、物心つかないうちに親のもとへ帰る子もいる。「私たちのことは忘れていいの。深く愛された経験が子どもに宿ればそれでいい。強く生き抜く力になるから」＝千葉県君津市

廣瀬《ひろせ》タカ子《こ》さんに 聞いてみよう

Q

ファミリーホームの制度化に尽くしましたね。

A

里親になって、何らかの虐待《ぎゃくたい》を受けた子の多さや、その親にもまた虐待された過去があると知りました。**連鎖《れんさ》を断つために、里親を増やすのはもちろん、育てられる子の数を増やせたらいいんじゃないか、と。**

県の指定第1号になった当時、千葉を含《ふく》めると七つの都道県・市に多人数を家庭で受け入れるホームがありました。でも自治体の単独事業で内容にはばらつきがあり、広がりませんでした。

「国を動かすには説得力のある資料が必要」と里親仲間が教えてくれて、

全国の自治体と里親会にアンケートをとり、制度の導入状況《じょうきょう》やそれぞれの実施要綱《じっしようこう》、委託率《いたくりつ》の比較《ひかく》などを調査報告書にまとめました。

国が里親委託の推進に動き出した時期とも重なりました。各地の里親や学識経験者、児童福祉司《じどうふくしし》、施設職員など、様々な立場の人たちと力を合わせました。

Q 一度に多くの子を預かるのは大変では？

A 子ども同士、教え合って育つから。先にいた子が新しい子の緊張《きんちょう》をほぐしてくれます。

きょうだいのように同じ経験を共有して育つ仲間がいることは、子どもの安心感にもつながります。

ホームでは、養育に補助者《ほじょしゃ》が加わります。子どもは安定した家庭環境《かんきょう》のなかで多くの大人と関わり、いろんな考え方に触《ふ》れることができます。オープンな環境であれば、たとえ何があっても、里子も里親も孤立《こりつ》せずに済《す》みますよね。

Q

里親になぜ関心を？

A

小学生のとき父が再婚《さいこん》し、数年後に男の子3人がやってきました。継母《ままはは》の子で行方《ゆくえ》知れずになっていたのですが、施設《しせつ》や親戚《しんせき》に預《あず》けられていたのを、父が捜《さが》し出しました。1人は施設で虐待《ぎゃくたい》を受け、両足先が親指半分以外ありませんでした。

心が痛《いた》むと同時に、父が血のつながらない子ばかり可愛がるのはなぜ？

と。年頃《としごろ》の男女の同居はよくない、と私は中高時代、叔母《おば》のもとに預《あず》けられました。

父の立場に立ってみたかったし、行き場のない子の気持ちは私にもわかる、という思いがありました。

Q 里親歴31年ですが、どんなことがありましたか？

A

二度、県に申請《しんせい》を断られました。夫は会社員、私は自宅《じたく》で小さなラーメン店を営んでいたのですが「社会的地位と資産がないから」と。1988年に制度の運営要綱《ようこう》改正で裾野《すその》が広がり、里親になれました。

実際、身銭《みぜに》を切って里子たちの用を足すことは多かったです。それでいいと思っていたけれど、子が増えるほど難《むずか》しい。次の担《にな》い手も二の足を踏《ふ》みます。

ホームの制度化では、経済的《けいざいてき》な心配がなく子育てできるよう、財政支援《しえん》を求めました。

Q

苦い思い出もありますか？

A

里子に投げ飛ばされ救急車で運ばれて、委託《いたく》が解除《かいじょ》されました。私は育てたかったんです。でも児童相談所はダメだ、と。ひどい虐待《ぎゃくたい》を受けて我《わ》が家に来た子で、おとなしかったのが自分を出せるようになって、でも中学校でいじめにあって。

20歳《さい》を過ぎた頃《ころ》に連絡《れんらく》がありました。「ごめんなさい。許してくれる?」と。許すも何も、投げられたときだって「力がついたんだな」としか思わなかった。再会して「老後の面倒《めんどう》を見たいから、介護《かいご》の仕事をしてるよ」と聞いてうれしかったけど、うちを出た後、つらい経験を重ねたと思います。

Q コロナ禍や災害時はどう対応を？

A

一昨年の台風15号では停電になり、避難所《ひなんじょ》へ行きました。緊急時《きんきゅうじ》にはホーム同士がじかに連携《れんけい》を取り、子どもを預《あず》けあえる仕組みが必要だと思います。新型コロナウイルスは、自分が感染《かんせん》して子どもにうつしてしまったら、と不安で、隔離《かくり》できるよう工夫しました。

Q

夫の正さんは「どんぶらこ、どんぶらこ、と子どもが来る」と言いますよね。

A

桃太郎《ももたろう》みたいに（笑）。**来た子を育てる。続けてきたのは、ただそれだけです。大げさなことじゃありません。子どもに教えてもらうことばかりですよ。**

子の置かれた状況《じょうきょう》を何とか良くしようと、あの手この手でやってきたら、あっという間でした。

Q

3人の実子のうち、2人が里親になったとか。

A

巻《ま》き込《こ》んじゃいました。長女夫婦は去年から我《わ》が家のサポートに入り、ホームについて学んでいるところです。次男夫婦は埼玉県内で里親をしています。元里子の1人も、大学で福祉《ふくし》を学び、時々アルバイトをしてくれます。

Q ファミリーホームの現状をどう見ていますか？

A **ホームが「大きな家族」なら、どの年代も途切《とぎ》れなくつながって、支え合うのが理想の形。若い養育者が高齢《こうれい》の補助者《ほじょしゃ》を加えて、昔ながらの知恵を継《つ》ぐなど、やり方はもっとあります。**ファミリーホームには、児童福祉と高齢者福祉を両立できる力があるはずです。

地域《ちいき》の人たちと一緒《いっしょ》に、皆《みな》で見守りあう社会をつくりたいんです。夢物語みたい？　制度化のときも、最初は笑われました。念じ動けば叶《かな》う！　そう思って、生きています。

新聞掲載：2021年9月16日

ファミリーホームと里親制度、違いはどこにあるの？

どちらも一定の期間、養育者の住居で養育するのが共通点。しかし、預かる子どもの人数、養育の体制が異なる。ファミリーホームでは定員5～6人の子ども、養育者と補助者があわせて3名以上いるのに対し、里親の多くは地域の一般家庭（夫婦や単身者とその家族など）で、養育する子どもは1人～4人以下だ。

これらの児童保護の制度はこれまで原則18歳、最長でも22歳で自立を求められたが、令和6年4月の法改正により年齢の上限を撤廃。年齢ではなく、自立可能かどうかで判断し、必要に応じて大人向けの支援への継続的なサポートが可能になった。

いのちを
支える
10

まず自分が楽しく、みんなも楽しく

まちづくり系医師
井《い》階《かい》友《とも》貴《き》

地《ち》域《いき》を丸ごと健康に、企《き》画《かく》続々

いい意味で、医師らしくない。街に出て住民と交流し、「健康のまちづくり」に奔走《ほんそう》する。拠点《きょてん》は、福井県最西《せい》端《たん》の町、人口約1万人の高《たか》浜町《はまちょう》。

仕掛《しか》ける企画は、地域診断《しんだん》クイズ大会「クイズ100人に聞きたいな」、世界最大のちらし寿司《ずし》プロジェクトなど、医療《いりょう》とは関係なさそうなものもある。だが、**「住民同士のつながりをつくり、それが健康によい影響《えいきょう》を与えるんです」**。

様々な研究でも、「人とのつながり」は「たばこを吸《す》うか吸わないか」などよりも寿命《じゅみょう》を左右することがわかっている。

小さな町での取り組みは、全国から注目を浴び、講演などに引っ張りだこだ。

兵庫県生まれ。高3のとき、赤ちゃんを亡《な》くした塾《じゅく》の先生から「命と向き合える職業に」と言われ、医師を志す。滋賀医科大学を卒業後に勤《つと》めた兵庫県内の病院では、忙しくて患者の生活まで配慮《はいりょ》する余裕《よゆう》がなかった。

「俺がやりたいのは、患者《かんじゃ》の生活が見える医療《いりょう》だ」と、地域医療を学べ

福井大学医学部の1年生に向けたワークショップで話す。「患者さんの背景にある、地域などの社会的要因を見て」と訴える＝福井県高浜町

る診療所《しんりょうじょ》を探《さが》し、2008年、高浜町《たかはまちょう》の診療所に赴《ふ》任《にん》する。当時、町は常勤医《じょうきんい》が5人しかおらず、町唯一《ゆいいつ》の病院は存続《そんぞく》が危《あや》ぶまれていた。

翌年《よくねん》、町が対策《たいさく》を考えようと設けた福井大学医学部地域《ちいき》プライマリケア講座《こうざ》の教員になった。

その年、町主催《しゅさい》のシンポジウムで、住民らに「一緒《いっしょ》に医療問題を考えましょう」と語りかけた。そこで反応してくれた約10人が有志となって「地域医療サポーターの会」ができた。

町の医療に何が必要か、住んでいる人たちは何をなすべきか議論《ぎろん》する。あくまで主役は住民なので、自身はオブザーバー参加だ。

ここが気になる!

2050年には消滅《しょうめつ》可能性都市が744に!?

「人口戦略会議」（民間の有識者グループ）は2050年までに20～30代の女性が半減し、日本全体の4割《わり》にあたる744の自治体が「最終的には消滅する可能性がある」と公表した。地方都市の中には、明石市など、子育て世代に優《やさ》しい行政を目指すことで、その世代の人口増に成功した例もある。いずれにせよ人口問題の早急な対策《たいさく》が望まれている。

良い方向に向かっていると感じていた2014年5月、日本創《そう》成《せい》会議の「消滅可能性都市」のニュースを知る。少子化や人口移動に歯止めがかからず、将来に消滅する可能性がある自治体を指す。高浜町もその一つにあげられた。**「いくら医療の対策を考えても、町自体がなくなってしまっては意味がない。まち**

プロフィール

井階友貴さん、高3のとき、体育祭での様子＝井階友貴さん提供

1980年 現在の兵庫県丹波篠山《たんばささやま》市生まれ。父は歯科技工士。

★高校時代に吹奏楽部に入り、サックスを始める。写真は、高3の体育祭で。高2のとき、全国大会で金賞を受賞。

★滋賀医科大学へ進み、勉強の傍《かたわ》ら音楽活動に精を出す。サックスだけでなく、オーケストラ部にも入り、チェロを始める。妻は、オーケストラ部の仲間。

★滋賀医大を卒業後、兵庫県立柏原病院《かいばらびょういん》（当時）に勤務《きんむ》。

2008年 2008年から、高浜町国民健康保険和田診療所勤務。現在、福井大学医学部地域プライマリケア講座教授。高浜町健康のまちづくりプロデューサー。

★「二人三脚」で一緒に取り組みを進めてきた野瀬豊《のせゆたか》町長は「医師の枠《わく》を超《こ》えている。ここまでやってくれるとは、正直思わなかった」と評価する。

★著書に『赤ふん坊《ぼう》やと学ぶ！地域医療がもっと楽しくなるエッセンス111』（金芳堂）。

★家族は、妻と1男2女。

づくりを考えないと」。

そして怒濤《どとう》のように企画《きかく》を立てていく。地域《ちいき》の課題を話し合う「健高カフェ」、地域のつなぎ手を育成する「暮《く》らし健康マイスター養成塾《じゅく》」、全国の自治体とつながる「健康のまちづくり友好都市連盟《れんめい》」……。「地域を丸ごと健康にしていこう」という企画やイベントは10を超《こ》える。

町内だけでなく、全国を巻《ま》き込《こ》んでいく。町のマスコットキャラクター「赤ふん坊《ぼう》や」のマネジャーを自ら買って出て、各地の講演などに連れて行く。

「赤ふん坊やは、住民との距離感《きょりかん》を縮《ちぢ》めるためのツール。これからも、住民や行政とタッグを組んで活動していきたい」。

赤ふん坊やを「診察」する。大学の上司から「プレゼンは3分に1回笑いをとれ」と言われたのが、講演などで赤ふん坊やを起用するようになったきっかけだという＝福井県高浜町

井階《いかい》友貴《ともき》さんに聞いてみよう

Q 「まちづくり」のため、たくさん企画《きかく》しているのはなぜですか？

A **基本は「住民同士のつながりを強める」ということが目的です。難《むずか》しい言葉で言うと「ソーシャルキャピタル（社会関係資本）」と言います。**健康を決定する要因として、とても大きな比重を占《し》めます。様々な研究によると、「たばこ」や「飲酒」「運動」よりも、寿命《じゅみょう》に影響《えいきょう》を与《あた》えるとされています。

いろんな人が関われるように、様々な企画を立てました。いろんな「線」をつくっておけば、どれかに関われると思ったのです。

例えば「健高カフェ」は、独居老人の孤立《こりつ》や子育てなど、町の課題に関心のある「意識高い系《けい》」の人が参加できるし、「暮《く》らし健康マイスター養成塾《じゅく》」は、健康に関心のある人が参加できる、といった具合です。

Q 世界最大のちらし寿司は？

A

高《たか》浜町《はまちょう》は実は、寿司《すし》ゆかりの地なんです。町外の人が参加するセミナー「健康のまちづくりアカデミー」で、ちらし寿司をつくろうというアイデアが出たのですが、僕が「どうせなら世界最大のちらし寿司をつくろう」と提案したのです。おかげさまで、これまであまり顔を見なかった住民も参加してくれました。

これも実は深い意味があります。**医療《いりょう》に無関心な層《そう》も、人とつながるこ**

とで、いつの間にか健康になっている、ということなんです。これは「行動経《けい》済《ざい》学《がく》」の考え方です。**人は合理性よりもそのときの「面白そうだな」という直感で行動する**、という考え方です。

Q 「消滅《しょうめつ》可能性都市」の発表が影響を与えたのですね。

A 衝撃《しょうげき》を受けました。いま住んでいる町がなくなる、というのですから。いくら病院に医師を確保しても、町自体がなくなっては意味がないと、

住民有志約350人が力を合わせ、「世界最大のちらし寿司」づくりに挑戦！　公式認定員による計測の結果（375.1キログラム）、無事ギネス世界記録に認定された＝福井県高浜町（井階友貴さん写真提供）

「医療《いりょう》づくり」から「まちづくり」にシフトしていったのです。

そこで学んだのが「ソーシャルキャピタル」の重要性です。コミュニティーや環境《かんきょう》など社会的な要因と健康との関連性を研究する「社会疫学《えきがく》」の専門家、ハーバード大学のイチロー・カワチ先生のところに学びに行きました。おかげで、患者さんの社会的背景《はいけい》を気にするようになりました。地《ち》域《いき》づくりの大切さを実感しました。

Q 「健康のまちづくり友好都市連盟《れんめい》」について教えてください。

A 「健康のまちづくり」に関心のある自治体であれば、どんな自治体でも参加できます。2024年現在、34自治体が参加しています。

気をつけていることはハードルを下げるということです。義務は、年1

回のA4で1~5枚《まい》の活動報告書提出だけです。いろいろ義務化すると、参加できなくなってしまいますので。

Q コロナ禍《か》の影響は大きかったのですか?

A

交流を心の支えにやってきたので、全否定《ぜんひてい》されたようでつらかったです。でも気持ちを切り替《か》え、「健高カフェ」や「健康のまちづくりアカデミー」はオンラインに切り替えました。

オンラインですと、空気感が伝わらない面があるのですが、逆に**リアルのときは来られなかった町外の人たちが参加してくれるなどのメリットも出ました**。内輪だけでは気づけなかったことに気づかせてくれました。

Q

施策の効果は出ているのでしょうか?

A

かかりつけ医をもつ町民が増えている、という調査結果が出ています。
また、2019年と16年を比べたところ、「友人・知人との交流が多い人の割合《わりあい》」が各年代で増えていました。

これは医学生への教育の影響が大きいのですが、町内の常勤医《じょうきんい》の数も、僕が来た当時の5人から10人以上に増えました。

Q

活動するうえで、気をつけている面はありますか?

A

無理に推《お》し進めないことです。**関係者が全員「ウィン」をめざします。1人でも「ルーズ（負け）」が出るのなら、無理には進めません。**

健高カフェでアイデアが出た「町民手帳」を進めようと思ったこともあるのですが、ある組織内で温度差があることがわかり、引っ込《こ》めました。「調和なくして地域《ちいき》なし」です。

Q あえて伺いますが、医師がここまでやる必要があるのですか？

A

僕は楽しいからやっているので。もちろんほかの医師には強要しません。医師だから物事が進みやすい面もあると思います。

健康のまちづくりのために、できることはやっていきたいと思います。**何より、まず自分が楽しく、みんなも楽しくです。**

Q

赤ふん坊やとは、これからも一緒ですか？

A

僕とは、一心同体です。高《たか》浜《はま》町《ちょう》にいる限り、もちろん一緒《いっしょ》です。赤ふん坊やは、住民と行政、医《い》療《りょう》職《しょく》のつながりの象徴ですから。これからもワクワク楽しんでいきます。

新聞掲載：2023年3月18日

おわりに

この本を読んでくださったみなさんへ――。

さまざまなジャンルで「いのちを支える」フロントランナー10人のお話はいかがだったでしょうか？

この本で取り上げたのは、孤独《こどく》やトラブル、貧困《ひんこん》……といった人生の困難に寄り添《そ》う人たちでした。

このような困難は、大規模《だいきぼ》な自然災害や交通事故などと違《ちが》い、一瞬《いっしゅん》にして人のいのちを奪《うば》うことは、ほとんどないかもしれません。

ですが、じわじわといのちを脅《おびや》かしたりします。

解決策《かいけつさく》の見えない困《こま》った状況《じょうきょう》にあるとき、そして、それが長期に渡《わた》れば渡るほど人は誰《だれ》でも生きていくのがつらいと感じてしまうからです。

だから、「いのちを支える」仕事が必要なのです。

孤独・トラブル・貧困は、ごく身近に起こりえることでもあり、それを解決するのが「社会福祉《ふくし》」の役目です。フロントランナーたちは、そのような社会福祉の一端《いったん》を担《にな》い、いのちを支え続けています。

社会福祉の必要性を考えるとき、

「自分が困難な立場になったときに困るから、必要だ」などと言う大人もいます。

でも、本当にそうでしょうか？

じつは、自分がその立場になる、ならないは関係ありません。

社会福祉とは詰《つ》まるところ、誰もが健康で文化的な、最低限の暮《く》らしを目指すこと。

困ったときには、遠慮《えんりょ》なく助けを求めることができるし、逆に、困っている人がいたら気軽に助けてあげられる世の中のほうがいいですよね？

そんな健全な社会を目指し、ともにかたちづくっていく仲間であるみなさんに
この本をお届《とど》けします。さらに、次世代のフロントランナーを目指すための
一助となれば、これほどうれしいことはありません。

朝日新聞be編集部
岩崎ＦＲ編集チーム

Staff

湯浅誠さん分＝文・諸麦美紀　写真・高山顕治
石井綾華さん分＝文・佐藤陽　写真・竹花徹朗
大空幸星さん分＝文・秋山訓子　写真・瀬戸口翼
天野慎介さん分＝文・上野創　写真・吉田耕一郎
徳永雄一郎さん分＝文・佐藤陽　写真・金子淳
紀藤正樹さん分＝文・高橋美佐子　写真・岩下毅
大橋恵さん分＝文・岩本美帆　写真・瀬戸口翼
稲葉剛さん分＝文・林るみ　写真・相場郁朗
廣瀬タカ子さん分＝文・写真 川村直子
井階友貴さん分＝文・佐藤陽　写真・恵原弘太郎

編集　岩崎FR編集チーム
編集協力　峰岸美帆
装丁　黒田志麻
イラスト　みずす
DTP　佐藤史子
校正　株式会社 鷗来堂

参考サイト
愛の手運動 from KOBE
読売新聞オンライン
日本ユニセフ協会
NHK放送文化研究所
厚生労働省
NHKきょうの健康
プレジデントオンライン
一般社団法人日本チャイルド・ライフ・スペシャリスト協会
文部科学省
弁護士によるDVモラハラあんしん相談　弁護士法人デイライト法律事務所
公益財団法人全国里親会
朝日新聞デジタル マイベストプロ

フロントランナー
4 いのちを支える

2024年10月31日　第1刷発行

監修　朝日新聞be編集部

発行者　小松崎敬子
発行所　株式会社 岩崎書店
〒112-0014　東京都文京区関口2-3-3 7F
電話　03-6626-5080（営業）　03-6626-5082（編集）

印刷　三美印刷株式会社
製本　株式会社若林製本工場

ISBN 978-4-265-09188-1 NDC366 160P 21×15cm

©2024 The Asahi Shimbun Company

Published by IWASAKI Publishing Co., Ltd.
Printed in Japan

岩崎書店HP https://www.iwasakishoten.co.jp
ご意見ご感想をお寄せください。info@iwasakishoten.co.jp
乱丁本・落丁本は小社負担でおとりかえいたします。

本書のコピー、スキャン、デジタル化等の無断複製は著作権法上での例外を除き禁じられています。本書を代行業者等の第三者に依頼してスキャンやデジタル化することは、たとえ個人や家庭内での利用であっても一切認められておりません。朗読や読み聞かせ動画の無断での配信も著作権法で禁じられています。